近代天皇制から象徴天皇制へ

「象徴」への道程

河西秀哉
[著]

From
Modern Emperor System
to
Symbol Emperor System

吉田書店

近代天皇制から象徴天皇制へ　【目次】

＊引用文中における中略箇所は「……」で表記した。また、著者による補足は〔　〕で記した。なお引用に際し、旧字体は新字体に改め、句読点は適宜補った。
＊掲載した写真で出典の明記がないものは、パブリックドメインのものを使用した。

序章

近現代天皇制研究の成果と課題

――本書の視角

「象徴」とは何か

一九四六年八月、憲法学者であった佐々木惣一京都帝国大学名誉教授に天皇が「象徴」であるとはどういう意味かと質問された憲法改正担当の金森徳次郎国務大臣は、次のように答弁している。

天皇を見れば、国其のものを見る、又国民統合を見ると云ふことを根源とするのでありまして、法的意義は結局其の外にはないことになるのでありまするが、聊か言葉を加へて申しまするならば、我々が国家生活を致しまする時に、常に国家の象徴、国民統合の象徴であるものが、儼として存在することに依つて、初めて国民生活は完備するものと思ふのであります、従つて之を国法の上に、国法上の秩序として、はつきり規定致しまして、之に対する紛更を許さず、又其の基礎を明白に致しますることが、憲法を規定致しまする上に必要なることであり、其の意味を以て、第一条の法律的意義を解すべきものと考ふるのであります、併しながら、更に之に付加へまして、若干の所見を述べまするならば、此の象徴であると云ふことは、固より、国家の統治権の総攬者であると云ふ意味でもありませぬし、又一般的に用ひられて居りまする積極的な働きを暗示して居ります所の、元首と云ふこととも違つて居るのでありまして、度々繰返して申しましたやうに、静かなる法律上の地位を、即ち活動力を眼目とせざる所の法律上の地位を、国法の上に明かにした趣旨であります(1)

大日本帝国憲法から日本国憲法への改正では、「国体」の変更があったか否かが争点となっていた。佐々木は天皇制の本質は統治権の総攬にあると思考し、それに変更が加えられた以上、「国体」に変更があったと見ていた。佐々木説によれば、憲法という政治的な「国体」が変更されれば精神的な「国体」も変更される(2)。佐々木はその点を金森に突いたのである。一方の金森は、「国体」が変更されていないことを主張するためにあえて曖昧な答弁に終止した。金森はこれより二カ月ほど前の議会で「天皇を以て憧れの中心として国民の統合をなし、その基礎に於て日本国家が存在している(3)」と述べて有名な「憧れの天皇」論を展開し、天皇と日本という国家の不可分性を強調していたが、結局「象徴」とは何であるかを定義しなかった。本来「象徴」は法律用語ではないため、ここで明確な位置づけをなされなかったことは、「象徴」という概念や象徴天皇制という制度の内実が曖昧化したことを意味する。そのため日本国憲法施行後も、例えば象徴天皇は君主であるのか否か、「元首」か否か、どのような権能を有しているかをめぐって様々な論争が国会や憲法学などで展開され、その概念の把握は一様ではない。「象徴」とは多義的であると言っても過言ではないだろう。

近年、皇室法を体系化している行政法学者の園部逸夫は天皇が「象徴」である論拠を次のようにまとめているが、それは「象徴」の多義性を的確に表現するものとなっている[4]。第一に、天皇制が歴史的に継続していることに基づくという考え。これは、国家が歴史に継続しているという連続性や秩序を醸成する一体感こそが「象徴」であるとの考え方であり、歴史を有する天皇制はこうした状態を表象する立場として、「象徴」たり得るのである。第二に、天皇の歴史上の、もしくは伝統的なあり方に基づくという考え。これには、政治権力者に対して権威を付与する政治的側面、伝統文化や学芸の頂点としての文化的側面、祭祀と国家のために祈る宗教的側面の三つの側面から、天皇は日本という国家の統合を表象していると考えられている。第三に、民衆と天皇との関係に基づくという考え。これは、歴史的な両者の関係と、民衆が憧れて天皇を理想化するとともに天皇によって何かを喚起させせられる関係の二側面がある。園部の整理に従えば、「象徴」には様々な側面が存在し、象徴天皇の存在意義は多様であると言える。そしてそれぞれは独立的ではなく相互補完的に、「象徴」として天皇を意義づけている。

ところで、歴史学において象徴天皇制・天皇像が研究される時、「象徴」とは何の権能も有せず、政治権力に権威や影響力を感じさせない、「元首」でもないといった前提が少なくとも二〇〇〇年代までは存在していたように感じられる。歴史学においては「象徴」という言葉のなかにそのような意味が含まれており、そこでは敗戦後から継続している「象徴」の多義性は捨象されて一つの解釈が強調されている。これは、象徴天皇制下における天皇の政治性を批判したり、逆に天皇の「不執政」を強調することで象徴天皇制を支持するなど、それぞれのスタンスが論拠となる解釈を必要としたために、そのような前提が採られることになったためであろう。しかしそのようなスタンスは、本来「象徴」とは何かを明らかにした上で採られるべきものではないか。そこで本書では、これまでの歴史学の前提とは異なる視点から象徴天皇制に接近していきたい。

天皇制研究の変化

では次に近現代天皇制・天皇像に関する研究史を検討するなかで、本書の課題を具体化していきたい。近現代天皇制・天皇像に関する研究は現代の関心とも重なりながら、一九八〇年代中頃よりその内容を大きく変化させている。[5] 変化の要因は主に次の三点と考えられる。

第一に、マルクス主義的歴史把握が力を失い、絶対主義天皇制概念が多くの研究で採用されなくなったことである。それは一九八〇年代の経済発展や冷戦構造・共産主義国の崩壊とグローバル化、明仁天皇の即位によって象徴天皇制・天皇像が本格的に定着した結果、絶対主義の対象として天皇制・天皇像を批判的に把握する傾向が急速に薄らいだからだと思われる。そして天皇制を固定的・抽象的に把握するのではなく近代的装置そのものとして、その具体的様相が個別実証的かつ動態的に解明されるようになった。

第二に、一九八九年の昭和天皇の死去による影響である。天皇死去時に見られた「昭和天皇＝平和的君主像」の蔓延は、逆に天皇の戦争責任論議を活発化させた。そして天皇死去後に『昭和天皇独白録』や側近の日記など史料公開が進展したため、近代の政治過程における天皇の役割がより明確となり、政治史研究において政治機構のなかに天皇をどう位置づけるかという課題が生じたのである。また死去時の自粛ムードは天皇制の構造や権威の問題を表面化させ、それを新たに考える出発点となった。

第三に、「近代」を問い直す視座から様々な分野で天皇制・天皇像の歴史的な研究がなされるようになったことである。ベネディクト・アンダーソン『想像の共同体』（リブロポート、一九八七年）やエリック・ホブズボウム他編『創られた伝統』（紀伊國屋書店、一九九二年）、西川長夫『国境の越え方』（筑摩書房、一九九二年）などの議論を踏まえた国民国家論からの研究が数多く出された。またカルチュラル・スタディーズやジェンダー、表象論といった新たな研究分野からも歴史的な研究が進んだ。歴史学からもそれらの影響を受けた研究が出、従来の視点とは異なった形で天皇制・天皇像が把握され始めている。

こうした要因と従来からの研究が相互に連関し合い、近現代天皇制・天皇像をめぐっては近年、次の四つの視点から研究がなされている。①天皇の言動を政治機構・政治過程のなかで位置づける研究②天皇の戦争責任を追及する研究③近代・現代天皇が受容される背景や社会意識を描く研究④天皇像をめぐる文化事象を検討する研究。[6] ここでは、各研究の方法論と成果、そしてそれらが内在している問題点を検討し、本書の課題を述べておく。

近代天皇制に関する政治史的な研究は大まかに分けて二つの傾向を有している。第一に、井上清以来の手法を引き継いで昭和天皇の積極的な政治介入・戦争指導の過程を描き出し、天皇の戦争責任を追及する研究である(7)。第二に、政治過程のなかでの天皇の位置づけを詳細に検討し、近代天皇制の特性を解明しようとした研究である(8)。特に第二の研究は、史料の丹念な分析から近代天皇制の機構システムを再構成しようと試みており、これまで絶対主義と規定されていた近代天皇制の構造把握に変化を生じさせた。これらの研究により、これまでの近代天皇制把握を前提として検討してきた従来の象徴天皇制・天皇像研究も転換が必要となった。

敗戦後の象徴天皇制形成に関する研究も、前述の史料公開の状況とも重なり、一九九〇年代急速に進展した。それらの成果によって、アメリカが戦争終結前から天皇制・天皇利用構想を持っていたこと、天皇の戦争責任を不問にして大権を剝奪することで天皇制を存置させようとする動きが日米合作で行われたことなどが明らかとなった(9)。占領期の天皇制をめぐる政治史的な研究は、新たな史料が発掘・公開されない限り進展しないレベルにまで深化したと言っても過言ではない。

敗戦後の天皇制に関する研究では、象徴天皇制と政治との関係も解明が進んだ。渡辺治は象徴天皇制を「保守政治の従属変数」と規定し、天皇は政治主体ではなく専ら国民統合のために、その権威を利用される存在だったと主張する(10)。一方で松尾尊兊や豊下楢彦、後藤致人らによって、天皇は内奏によって政治家などに一定程度の影響力を持ち、政治に関与していたことが明らかとなった(11)。

このように政治史的な天皇制研究は急速な進展を遂げ、これまで未解明であった事実の確定が数多くなされた。しかしここで問題なのは、なぜ敗戦後も天皇制・天皇に権威が存在し、一定程度の影響力を持っていたのかという点が問われていないことである。政治家らはなぜ天皇の政治関与を受け入れ、天皇制・天皇は敗戦後も国民統合のための利用の対象となり得たのか。ここから、戦前から戦後まで連続しての天皇権威・天皇像について考察しなければならないという課題が浮上してくるのである。本書が積極的に天皇像という用語を使用し、それぞれの時期の天皇制に関する構想の解明に努めるのは、こうした背景がある。天皇制や天皇個人の持つ権威や天皇制の構造、民衆の天皇制・天皇意識を総体的に解明するためには、天皇像や天皇制に関する構想を長いスパンで把握することが不可欠だと考えるからである。

さて、近代天皇像の問題はこれまでも天皇制イデオロギーの視点から注目されていた。しかし一九八〇年代後半以降、民衆と天皇との視覚的相互関係からそれへのアプローチがなされている。多木浩二や佐々木克が図像・巡幸の意味を検討するなかで天皇像を受容する側の様相をも描き出し、それを国民国家論の観点から受けたタカシ・フジタニは天皇の可視性と不可視性の様相を解明した。[12]それに対して原武史はフジタニの議論を批判し、近代は個々の天皇を見せることで成り立つ「可視化された帝国」であったと規定する。[13]

こうした新たな研究動向に対して、歴史学の研究もそれらの影響を受けながら、天皇像の解明を試みた。安丸良夫は「天皇その人に即した瞬題や制度などの問題というよりも、なによりもまず天皇をめぐるイメージや観念、またそれに社会意識的な規制力などの問題」からの研究を主張する。[14]安丸の研究は近代を問い直す近年の研究視座に立脚しつつも、近代天皇制・天皇像を構造的な概念として把握する絶対主義天皇制の系譜をも発展的に継承しているところに特徴がある。また、「上から」天皇像が与えられたという視点と「下から」天皇像を創出していく民衆という視点の重なり合う地点・交錯を検討している点で、政治動向と天皇像の展開の結節を意識しており、その方法論は示唆に富む。

こうした安丸の研究に対し、別の視点から近代天皇像形成過程の解明を試みたのが飛鳥井雅道である。飛鳥井は、これまでの天皇制論に代表される多くの研究が「しばしば国家論ないしは権力規定一般に解消されてしまい、また政治史的分析のみを行な」っていたと批判し、「文化史的に天皇の存在様式を問」うている。そして、「近代の天皇と天皇制を区別して考え」、「天皇の実像と虚像をとらえなおす」ことで、「虚像」が生まれる背景＝政治機構としての天皇制をも超越する天皇権威についての解明を試みた。天皇その人から生じる問題も考察することで、権威の構造を安丸よりも掘り下げようとしたとも言える(15)。

このように思想・文化の側面から天皇制・天皇像を研究する動向は、天皇制の法的側面や政治史だけではなく、知識層・民衆の意識レベルに着目して天皇像を解明しようと試みている。絶対主義天皇制論が把握するような半封建的な「上から」与えられた天皇像ではなく、天皇の権威を創出・膨張させる意図や構想とそうした権威を受容していく社会や民衆との共存・相互依存関係の姿を描き出している。象徴天皇が政治家などに権威ある存在であり続けていたことは前述した先行研究において明らかとなっている。なぜ敗戦後も天皇はそのような存在でいることができたのか。その問いに答えようとする時、近代天皇像の研究が注目してきた民衆と天皇との直接的かつ相互的な関係を示す事象や天皇制をめぐる構想を具体的に解明する必要があるのではないか。その積み重ねこそが象徴天皇制の総体的把握につながるものと思われる。

そして、こうした研究は明治期に限ったものではない。「大正デモクラシー」の潮流が戦後民主主義の受け皿となったことについては、松尾尊兊や武田清子などによって以前から指摘されていた。しかしそれは、実証的かつ精緻化された研究の余地を残していた。[16]「大正デモクラシー」を問い直し、第一世界大戦後の変容過程を新たに構成することで松尾らの提起を継承ないし再考する研究も生まれている。例えば近年、大正期から昭和初期をめぐる天皇制をイギリス君主制に類似した立憲君主制の完成型と捉えて把握しようとする研究が盛んである。[17]それらの研究で解明されたのは、第一次世界大戦後の世界的な君主制危機のなかで、天皇制がいかなる変化を遂げたのかという点である。萌芽的な大衆社会[18]の出現という状況下で、民衆と天皇との結びつきが盛んに取り上げられ、新しい皇室像としてアピールされて、天皇制は危機を乗り切った。まさにこの時、天皇制は再編成されたのである。では、ここで変化した天皇制がその後いかなる展開を遂げるのか。

実は近年の多くの研究でも、大正期に新たに再編成された天皇制は、昭和期に「国体」至上主義に飲み込まれ、敗戦後に復活したかのように述べられる。これは、「大正デモクラシー」を戦後民主主義の原型とするという旧来の研究潮流を踏襲しているようにも思われる。

近代天皇制を包括的に検討している鈴木正幸の研究においても、ファシズム期は「国体」なる概念が世を跋扈し、それとともに天皇の神格化が起こったと規定されている。それゆえに、基本的に、そうしたファシズム期天皇制と敗戦後の象徴天皇制は断絶していると把握される。つまり、急速に進展した大正期天皇制から象徴天皇制に至る過程には、近年に研究の蓄積がなされたからこそ、研究の空白が生じてきたと言える。

以上の近代天皇制・天皇像研究の成果を踏まえ、象徴天皇制・天皇像研究の課題を提起しておく。第一に、方法論である。近年の近代天皇像研究では表象論・ジェンダーなどの新たな方法論が積極的に用いられ、歴史学もそれらの影響を受けることで幅広い視野を獲得し、多くの成果が生み出された。敗戦後の天皇像の問題を考える上で表象論やジェンダーなどの方法論が必要となるのではないか。また、近代天皇制の政治史研究などに見られる詳細な史料・事例の検討は、これまで漠然としたイメージや少数の事例研究によって天皇像を構築してきた象徴天皇像研究が導入しなければならない点である。一方で安丸らのような天皇制・天皇像の構造を分析する方法論もまた、事例研究のみで終始してしまわないために必要である。近代天皇制は他の君主制とは異なる「万世一系」イデオロギーを持った体制であったが、敗戦後にそれがどのように変容し、またしなかったのかを安丸の方法論に学びながら検討しなければ、象徴天皇制・天皇像がなぜ生まれ定着したのかという点を解明できないのではないか。詳細な史料・事例研究と構造論的アプローチ、両者のバランスを取りながら研究を進めていくことが課題となる。

第二に、政治史研究との接点を図るという問題である。一九九〇年代に急速に進展した象徴天皇制研究は政治的動向が中心で、なぜ天皇に権威が存在するのか、そしてなぜそれが利用され続けるのかといった問題までには未だ踏み込めていない。大正期の研究のように政治と思想・イメージが相互に関連し合う問題を描く、総体的把握の必要性があろう。それによって敗戦後の天皇をめぐる動向がより明確となるのではないか。

第三に、近代天皇制・天皇像研究の成果から象徴天皇制・天皇像を見る必要である。従来絶対主義と考えられていた近代天皇制・天皇像は、近年大きくその内容を変化させた。象徴天皇制・天皇像研究は、そうした近代天皇制・天皇像研究の成果をどう評価し、敗戦前と敗戦後の天皇制の連続性／非連続性を解明する必要がある。占領期からの考察にとどまらず近代天皇制・天皇像の様相を考察し、その上で敗戦後に象徴天皇制・天皇像が形成されるなかで近代の模索が持った歴史的意義を究明すべきなのである。そのような長期的視野に立った研究方法によって、敗戦後につながる構想・道筋が解明されると考えられる。

象徴天皇像に関する研究

くわえて、象徴天皇像に関する研究についても見ておきたい。こうした研究は、その受容基盤と制度形成後の定着・展開過程の二つの傾向を有する。第一に受容基盤に関する研究、第二に展開過程に関する研究である。

受容基盤に関する研究はこれまで、敗戦直後の知識人による象徴天皇制正統化の問題が主に研究されてきた。久野収・鶴見俊輔・藤田省三は、いわゆる大正教養主義者（オールドリベラリスト）と呼ばれる知識人が敗戦後の天皇制存続のイデオロギーを提供し、象徴天皇制・天皇像の正統化を図る存在となったことを指摘した[20]。大正教養主義者は以前から文化の重要性を強調していたが、敗戦後になると軍事を日本から取り除き、その対概念として文化を対置させ、「文化国家」建設を主張した。そして天皇を非政治的な存在として、「文化国家」の表象とすることで天皇制存続の理論が形成されたと久野らは言う。

この提起を受け、敗戦直後の知識人の言説を本格的に検討する研究が登場する。赤澤史朗は久野らの指摘を踏襲しながら、戦争責任論を素材としてオールドリベラリストの言説の特徴を解明している[21]。赤澤の研究はオールドリベラリスト一般の言説の特徴を摑むことに軸足が置かれているが、その後の研究では特に津田左右吉・和辻哲郎・石井良助などが取り上げられ、それぞれの言説を丹念に検討していく傾向にある[22]。赤澤は敗戦直後の知識人による天皇制論を検討することで、象徴天皇制の基盤なるものを解明しようと試みた。言い換えれば、アメリカからの外圧ではなく、日本国内の要因によって象徴天皇制が形成されたことを解こうとしたのである。赤澤の論考は敗戦直後に時期を限定しているため、知識人が象徴天皇制につながる言説を展開する要因は何なのかという、言わば象徴天皇制の源流に関する検討の余地を残している。つまりここでも、大正期から連続しつつファシズム期を踏まえた天皇制研究の必要性が導き出される。また、赤澤が解明した知識人の言説はどのように展開して象徴天皇制が定着したのかという、制度形成後の問題に関しても同様に検討の余地を残している。

近年この研究課題に取り組んでいる米谷匡史は、敗戦前と敗戦後の連続性／非連続性の問題を視野に入れて津田・和辻らの大正期からの思想を検討している。彼らの言説は時代状況によって変化する思想が見られつつも、根底には天皇を「象徴」化する思想が継続していると米谷は主張する。[23]一方で、戦時期の理想主義的共同体構想が敗戦後に続く共同体の首長としての天皇論へもつながったことを指摘している。この二つの検討から、象徴天皇制・天皇像には敗戦前からの基盤が思想的に存在していたことがより説得的に提示されたと言ってよい。

ただし、米谷に代表される知識人の天皇論研究は、久野らの指摘を精緻化して深化させているものの、その議論の枠内にとどまっていることも事実である。これらの研究では知識人の言説・思惑が当時の時代状況にあってどのような位置を有していたのか、必ずしも明確ではない。知識人の言説が政治的・社会的にどのような影響力を持っていたのか。彼らの言説が民衆へどう受容され、また民衆からの影響を受けて変容していったのか。これまでの研究は思想としての世界のなかで完結しているようにも思われる。新たな天皇像を求めていく大正期の政治的・社会的動向と、米谷が解明した思想としての天皇の「象徴」化の動きがいかなる関係にあるのかを、総体的に把握することが課題となるだろう。

また、各知識人は例えば天皇退位をめぐってその対応には違いもあり、オールドリベラリストとして総体的に把握するのみでは解明できない問題が存在している。総体的な把握とともに、個別的な相違にも考慮し、象徴天皇像の多様性に注目する必要があるだろう。

受容基盤の問題については、民衆の視点からの解明も進んでいる。川島高峰は都市を対象にして敗戦前の意識との連続性を見、敗戦直後の天皇像の解明を試みている。大串潤児は農村の戦争責任論をめぐる様相を検討し、地域に協同主義の必要が生まれるなかでその表象として天皇が求められる様相を解明した[24]。安田常雄は久野や後述する松下圭一の論を踏襲しながら、象徴天皇像を受容する民衆の心情を描き出し、民衆と天皇の「黙契」によって象徴天皇制・天皇像が敗戦後に展開されていったと主張した[25]。安田の研究は敗戦後を通史的に広く見通し、日本国憲法で天皇が「象徴」と規定されて以降の天皇像の解明を試みた数少ない研究である。しかし広いアプローチを試みた分、より細かな時期設定とそのなかにおける天皇像の変容過程の解明といった課題も残している。

またこれらの研究は、戦争責任をキー概念として民衆と天皇制・天皇像の関係を描き出しているが、こうした問題以外にもその関係を示す具体的事象があるのではないだろうか。例えばジョン・ダワーは「天皇制民主主義」という概念を用い、民主主義と天皇制・天皇像が知識人や政治家、民衆のなかで接合されていく過程を描き出している[26]。ここでは、民主主義がキーとなって天皇像の連続性／非連続性が明らかとなった。その他にも例えば巡幸やメディアなど、民衆と天皇との関係を考える上での数多くの具体的事象の検討が必要ではないだろうか。象徴天皇像の展開過程を詳細に検討する個別的研究の積み重ねによって象徴天皇像の精緻化を図ることが研究課題になる。

第二の象徴天皇像の展開過程に関する研究では、明仁皇太子と正田美智子の結婚時に発表された松下圭一「大衆天皇制論」が現在でも最も影響力を持っている。独占資本主義の段階においては、テクノロジーの発達によって社会の大量消費化が急速に進展するとともに、賃金労働者の数が増加し、ホワイトカラー（新中間層）が形成される。彼らが政治・社会生活に大量に進出してきた社会こそが大衆社会であった。松下によれば、敗戦前の日本は「絶対主義天皇制」であったために大衆社会の出現が抑制されていたが、敗戦後にその価値観が崩壊することで伝統的共同体は解体し、価値基準のアナーキーが現出した。その結果、マスメディアの操作によって都市中間層の生活様式が前面に出、大衆社会状況が露呈されたと言う。いわゆるミッチー・ブームは、こうした社会状況が前提となっていると松下は主張する。

「日本における大衆天皇制の条件は、敗戦による天皇神格の否定と新憲法の成立、ならびに旧天皇制の権力・思想機構によつて抑圧されていた大衆社会状況の急激な露呈である」と述べる松下の「大衆天皇制」論は、次の三点に集約できる[27]。第一に、敗戦・日本国憲法によって天皇制は脱政治化し、敗戦前の絶対主義天皇制との間に明確な断絶が生まれたこと。第二に、その結果大衆社会状況が露呈したこと。しかも天皇制が大衆社会に適合させられたのは、マスメディアの影響力だと松下は強調する。第三に、民衆の理想の家庭像・スターという、民衆に敬愛される天皇制へと変化したこと。それは、日本国憲法の価値基準や都市中間層の論理に適応するものであったためにブームとなり得た。この図式はわかりやすい。

しかし、「大衆天皇制」論は次の二つの理由から再考すべきではないだろうか。第一に、「大衆天皇制」論は敗戦後に変化した部分を大きく捉えすぎている。前述した第一次世界大戦後の天皇制・天皇像の変容や知識人の天皇論に関する研究を踏まえるならば、敗戦前からすでに用意されていた構想・言説を考えなければならない。つまり、敗戦前後を貫く天皇制・天皇像の連続性／不連続性の問題を考慮に入れる必要がある。松下の提起する戦後日本の大衆社会状況は、敗戦による「断絶」が大きな柱となっている。しかしテクノロジーの発達や消費社会化、マスメディアの影響力の増大などがすでに敗戦前から進行していた状況であることは、近年の研究によって明らかにされている。それが天皇制によって押さえつけられていたという松下の前提を再考する必要があるのではないか。つまりは、大衆社会状況の、萌芽期からの解明である。そして近年の政治史研究の成果を踏まえるならば、天皇制が敗戦後に単純に「脱政治化」したとは言えない。敗戦前のように天皇に権威を感じる人々が、マスメディアの操作に簡単に乗ってしまうと考えてよいのだろうか。

第二に、敗戦後においても、価値観の多様性と時期による社会の意識変化が存在すると考えられる。日本国憲法によって象徴天皇制と規定されたとはいえ、人々がそこに同じ内実を込めていたわけではなく、「象徴」の解釈をめぐる相剋が存在し、様々な可能性・多義性があったのである。占領期においても、またその後の講和独立を経てからも天皇像は様々に揺れ動いており、それを踏まえた上でミッチー・ブームに至る道を考察する必要がある。敗戦後の社会状況はその十数年間のなかでも様々な変化があった。冷戦に代表される国際環境の変化や日本におけるナショナリズムの問題など、独占資本という経済状況のみではなく、政治・社会状況の変化についても考慮に入れなければならないだろう。

本書の課題と構成

最後に、飛鳥井雅道の提起を借りながら本書の課題を提示したい。

日本において、「皇帝」の側面は、一九四五年で崩壊した。今後の天皇制批判は、「天皇」と「天子」の関係に集中されねばならない[28]

飛鳥井はここで、敗戦後の象徴天皇が「天皇」と「天子」の間であると主張することで、「権力と権威」「政治と文化」の両者を、そしてそのはざまを解明しようとしている。敗戦後、強大な権力を有する「皇帝」の側面はなくなり、伝統や道徳などの意義を有する「天子」へと象徴天皇は傾斜した。しかし、飛鳥井がその課題を権威としての「天子」だけではなく、政治的意味を持つ「天皇」との間としていることの意味を考えなければならない。象徴天皇は単なる権威や伝統の表象ではなく、政治との関係のなかでその内実が形成され続けたのである。つまり課題の第一として、政治と文化・思想の両者のアプローチから天皇制・天皇像を検討する必要性が浮上する。

飛鳥井は次のようにも提起している。

絶対的な権限を一身に集中していた一九四五年までの天皇が、なぜ新憲法における象徴に転身することができたのか。その歴史的意味はなになのか……つまり、われらの内なる天皇制のあり方の歴史的検討ということになる[29]

「象徴」になった歴史的意味。それは今後の研究課題の第二として、象徴天皇制の構想・象徴大皇像の形成の問題を敗戦後のみならず敗戦前から検討すべきことを示唆している。また内なる天皇制のあり方＝天皇像を解明することこそ、第三の研究課題である。こうした課題をまとめるならば、象徴天皇制・天皇像の形成・定着・展開の解明という課題を長期的かつ詳細に検討していくということになる。

具体的には本書は次のような構成をとる。まずは大正期から敗戦直後までを検討し、象徴天皇制・天皇像の歴史的前提について述べる。第一次世界大戦後の世界的な君主制の危機、「大正デモクラシー」の潮流、そして敗戦という未曾有の危機はいかに天皇制・天皇像を再編させるよう作用したのか。各局面における具体的な構想を検討するなかでその問題を明らかにしていきたい。

まず第1章で、「大正デモクラシー」の代表的思想家である吉野作造の天皇制構想を検討する。近年の研究では吉野は実質的な国民主権を志向していたと提起されている。では国民主権が達成した時、主権者であった天皇はいかなる立場になると吉野は構想したのだろうか。吉野の構想を通して、第一次世界大戦後の民本主義による天皇制・天皇像の再編構想が解明できると考える。

第2章では、元内務官僚で東京市長でもあった永田秀次郎の思想と行動から天皇制・天皇像の再編過程を解明する。永田を取り上げる積極的な理由としては第一に、体制側からの構想が明らかになるからである。第一次世界大戦後の「デモクラシー」という世界的潮流は、「国体」にも変容を迫った。永田は国家・共同体という観点から天皇制・天皇像の再編を構想していた点でも注目される人物である。第二に、マスメディアを使って自説を積極的に展開している点である。マスメディアも永田を積極的に起用し、天皇制・天皇像に関する報道を増加していった。永田の行動を見ることで、マスメディアによって天皇制・天皇像の内実が形成されていく萌芽を見ることができるだろう。そして補論では、この時期の天皇制・「国体」に関する動向をまとめておきたい。

第3章では、戦時体制のなかで天皇制がいかなる構想を持っていったのかを明らかにする。最も「国体」が肥大化した時期にあって、それは具体的にどのようなものであったのか。むしろそうした時期であるからこそ、天皇の「人格」が強調される側面を明らかにし、敗戦後へと展開していく様相を論じたい。

第4章では敗戦直後の知識人の言説を検討する。敗戦という危機のなかで、彼らがどのように民主主義論・国家論を展開させ、それと天皇制・天皇像を接合させていったのか。

第5章では敗戦後から一九六〇年代までの戦争責任論を基軸として、それと象徴天皇制との関係性を明らかにする。戦争責任論は「象徴」の内実を形成していくのに大きな役割を果たしていく。その意味と変容していく「象徴」の内容を明らかにしたい。

このように、象徴天皇制・天皇像の内実がいかに確立し変容し展開していくのかを、本書では具体的な事象や構想の検討を積み重ねることを通して解明していきたい。

【注】

（1）「貴族院本会議」一九四六年八月三〇日。

（2）針生誠吉・横田耕一『国民主権と天皇制』（法律文化社、一九八三年、二二三～二二六頁）。

（3）「衆議院本会議」一九四六年六月二五日。

（4）園部逸夫『皇室制度を考える』（中央公論新社、二〇〇七年、二四～二九頁）、同『皇室法概論』（第一法規出版、二〇〇二年）。

（5）天皇制をめぐる研究史については、河西秀哉「近現代天皇制・天皇像研究の現状と課題」（『新しい歴史学のために』第二六二号、二〇〇七年）、同「近現代天皇研究の現在」（『歴史評論』第七五二号、二〇一二年）、同「象徴天皇制・天皇像研究のあゆみと課題」（河西秀哉編『戦後史のなかの象徴天皇制』吉田書店、二〇一三年）のなかで示した。

（6）安田浩「近代天皇制研究の現代的意義をめぐって」（『史海』第四九号、二〇〇二年）、中村政則「現代歴史学と天皇制」（歴史学研究会編『現代歴史学の成果と課題一九八〇―二〇〇〇年Ⅱ　国家像・社会像の変貌』青木書店、二〇〇三年）。

（7）山田朗『大元帥昭和天皇』（新日本出版社、一九九四年）、同『昭和天皇の軍事思想と戦略』（校倉書房、二〇〇二年）、ハーバート・ビックス『昭和天皇』上下（講談社、二〇〇二年）など。

（8）安田浩『天皇の政治史』（青木書店、一九九八年）、増田知子『天皇制と国家』（青木書店、一九九九年）、永井和『青年君主昭和天皇と元老西園寺』（京都大学学術出版会、二〇〇三年）、伊藤之雄『日本の歴史22　政党政治と天皇』（講談社、二〇〇二年）、同『昭和天皇と立憲君主制の崩壊』（名古屋大学出版会、二〇〇五年）など。

（9）中村政則『象徴天皇制への道』（岩波新書、一九八九年）、同『戦後史と象徴天皇』（岩波書店、一九九二年）、吉田裕『昭和天皇の終戦史』（岩波書店、一九九二年）、松尾尊兊『日本の歴史㉑　国際国家への出発』（集英社、一九九三年）など。茶谷誠一『象徴天皇制の成立』（ＮＨＫブックス、二〇一七年）は、新出史料を掘り起こしながら象徴天皇制成立期の解明を試みた非常に意欲的な研究である。

(10) 渡辺治『戦後政治史の中の天皇制』(青木書店、一九九〇年)、同「戦後国民統合の変容と象徴天皇制」(歴史学研究会・日本史研究会編『日本史講座』10、東京大学出版会、二〇〇五年)。

(11) 松尾尊兊「象徴天皇制の成立についての覚書」(『思想』一九九〇年四月号、後に同『戦後日本への出発』岩波書店、二〇〇二年に所収)、豊下楢彦『安保条約の成立』(岩波新書、一九九六年)、後藤致人『昭和天皇と近現代日本』(吉川弘文館、二〇〇三年)など。

(12) 多木浩二『天皇の肖像』(岩波新書、一九八八年)、佐々木克『幕末の天皇・明治の天皇』(講談社学術文庫、二〇〇五年)、タカシ・フジタニ『天皇のページェント』(NHKブックス、一九九四年)。

(13) 原武史『可視化された帝国』(みすず書房、二〇〇一年)、同「「国体」の視角化」(網野善彦他編『天皇と王権を考える』10、岩波書店、二〇〇二年)。

(14) 安丸良夫『近代天皇像の形成』(岩波書店、一九九二年)。

(15) 飛鳥井雅道『明治大帝』(筑摩書房、一九八九年、二九五〜二九六頁)、同「近代天皇像の展開」(朝尾直弘他編『日本通史』17、岩波書店、一九九四年、後に同『日本近代精神史の研究』京都大学学術出版会、二〇〇二年に所収)、同「明治天皇・「皇帝」と「天子」のあいだ」(西川長夫他編『幕末・明治期の国民国家形成と文化受容』新羅社、一九九五年、後に前掲『日本近代精神史の研究』に所収)。

(16) 松尾尊兊『大正デモクラシーの群像』(岩波書店、一九九〇年)、武田清子『戦後デモクラシーの源流』(岩波書店、一九九五年)など。

(17) 代表的な研究として、伊藤之雄『昭和天皇と立憲君主制の崩壊』(名古屋大学出版会、二〇〇五年)、坂本一登「新しい皇室像を求めて」(『年報近代日本研究』20、山川出版社、一九九八年)、梶田明宏「「昭和天皇像」の形成」(鳥海靖他編『日本立憲政治の形成と変質』吉川弘文館、二〇〇五年)など。近年、天皇制の受容基盤に関する研究では、茂木謙之介『表象としての皇族』(吉川弘文館、二〇一七年)が注目される。茂木は、地域のメディアを丹念に博捜しながら、皇族の表象を戦前から戦後という長いスパンで検討し、天皇制が人々のなかでいかなるイメージを有していたのかを解明している。

(18) 当該期の大衆社会の出現については、安田浩「総論」(坂野潤治他編『シリーズ日本近現代史3　現代社会への転形』岩波書店、一九九三年) などの議論を踏まえている。

(19) 鈴木正幸『近代天皇制の支配秩序』(校倉書房、一九八六年)、同『皇室制度』(岩波書店、一九九三年)、同『国民国家と天皇制』(校倉書房、二〇〇〇年)、同編『近代日本の軌跡7　近代の天皇』(吉川弘文館、一九九三年) など。

(20) 久野収・鶴見俊輔・藤田省三『戦後日本の思想』(中央公論社、一九五九年)。

(21) 赤澤史朗「象徴天皇制の形成と戦争責任論」(『歴史評論』三一五、一九七六年)、同「戦後民主主義論」(神田文人編『体系・日本現代史』5、日本評論社、一九七九年)。

(22) 赤坂憲雄『象徴天皇という物語』(筑摩書房、一九九〇年)、小熊英二『単一民族神話の起源』(新曜社、一九九五年)、苅部直『光の領国　和辻哲郎』(創文社、一九九五年、後に岩波現代文庫、二〇一〇年) など。

(23) 米谷匡史「象徴天皇制の思想史的考察」(『情況第二期』第一巻第六号、一九九〇年)、同「「世界史の哲学」の帰結」(『現代思想』第二三巻第一号、一九九五年)、同「津田左右吉・和辻哲郎の天皇論」(『天皇と王権を考える』1、二〇〇二年) など。

(24) 川島高峰「戦後民主化における秩序意識の形成」(『年報政治学』一九九四年号)、同「日本の敗戦と民衆意識」(『年報日本現代史』1、一九九五年)、大串潤児「戦後初期における「戦争責任」問題と民衆意識」(『年報日本現代史』4、一九九八年)。

(25) 安田常雄「象徴天皇制と民衆意識」(『歴史学研究』六二一、一九九一年)、同「象徴天皇制と国民意識」(中村政則編『近代日本の軌跡』6、吉川弘文館、一九九四年)、同「象徴天皇制の五〇年」(歴史学研究会編『戦後五〇年をどう見るか』青木書店、一九九五年)、同「象徴天皇制における「伝統」の問題」(『歴史評論』第六七三号、二〇〇五年)。その他、皇室財産をめぐる問題を通じて、天皇制と国家、イデオロギーの関係性を析出する加藤祐介の一連の研究は重要である。加藤は、「大正デモクラシー」を含めた第一次世界大戦後の状況が、皇室財産という天皇制を支える経済基盤が変容を迫っていく過程を明らかにしている(加藤祐介「大正デモクラシー状況への皇室の対応」『歴史学研究』第九二七号、二〇一五年、同「戦間期の皇室財政」『史学雑誌』第一二四巻第一一号、二〇一五年、同「皇室財産課税問題の展開」『歴史学研究』第九六一号、二〇一七年など)。

(26) ジョン・ダワー『敗北を抱きしめて』(上)(下)(岩波書店、二〇〇一年)。

(27) 松下圭一「大衆天皇制論」「続・大衆天皇制論」(『中央公論』一九五九年四月号・八月号、後に同『昭和後期の争点と政治』木鐸社、一九八八年に所収、一八頁)。

(28) 飛鳥井前掲「明治天皇「皇帝」と「天子」のあいだ」三九五頁。

(29) 飛鳥井雅道「天皇前半と後半をつらぬくもの」(『現代の理論』一九八四年一月号、後に前掲『日本近代精神史の研究』に所収、四〇三頁)。

第1章　世界的な君主制の危機と近代天皇制
――吉野作造の天皇制構想

はじめに

「大正デモクラシー」期の代表的思想家である吉野作造の研究は、『吉野作造選集』刊行後、大きな進歩を遂げている。これらの研究では吉野の言説を再び読み直し、これまでの通説に大きな修正を迫っている。これまでの通説的な先行研究では、吉野が天皇主権を肯定しながら天皇大権諸機関の特権を否定したことに関しては、法律論としての天皇主権容認、政治論としての天皇主権否認と位置づけられてきた(1)。こうした戦略としての憲法形式論と憲政運用の実質論の区別によって、吉野は「国体」概念に抵触せずして民本主義を徹底させようとしたと考えられてきたのである。

しかし近年の吉野作造に関する研究は、これら通説的な先行研究以上に吉野への評価は高い。岩本典隆は「擬制的」と留保を付けつつも、若き吉野に国民主権と天皇「象徴」化の主張があったことを指摘する。川口暁弘も吉野は民意を最高権威化し、民衆を政治上の主権者化していたと見、吉野の言説は民本主義ではなく民主主義へと帰着せざるを得ないものであったと捉えた。小関素明・小山俊樹は吉野の二大政党による議会主義の構想を明らかにし、岩本・川口と同様に吉野が民衆の政治主権者化を目指していたと見ている。これら近年の研究では、これまでの通説的な先行研究で言われてきた法律論・政治論の分離というレベルにとどまらず、吉野は法概念上も実質的な国民主権を志向していたことになる(2)。

では民本主義の徹底によって国民主権が達成される時、明治憲法体制下では統治権の総攬者であり主権者であった天皇をどうするべきだと吉野は考えたのか、という疑問が生じてくる。岩本・川口はそれを「象徴」化という言葉で説明するが、具体的な像は提示しておらず、必ずしもその内容を解明したとは言い難い(3)。吉野による「象徴」化とはいかなるものなのだろうか。また、吉野の天皇制構想を「象徴」化という言葉で捉えてよいのだろうか。岩本・川口は、日本国憲法下の象徴天皇制から遡及して、吉野の構想を「象徴」化と名づけているように思われる。本章では、吉野がその当時の世界情勢や国家のあり方をどう見た上で、新たな天皇制を再編しようとしたのかという点から言説にアプローチする。こうした検討を通じて、吉野の構想を解明していきたい。それによって、デモクラシーや世界的な君主制の危機という時代にあって、大正期に近代天皇制がどのような再編を迫られたのかを明らかにすることにもつながるだろう。

通説的なものだけではなく近年のものも含めてこれまでの先行研究では、吉野の主権論や議会主義を中心とした構想が大きくクローズアップされ、政治的実権・権力のなくなった天皇をいかなる存在と捉え、今後の天皇制はどうあるべきだと吉野は構想していったのか、という問題については体系だって説明されていない。吉野の民本主義が実質的な国民主権化の構想であるならば、それまで明治憲法体制下において主権者としての権力を有していた天皇制をどう変えるのかということを、吉野が考えなかったはずがない。よって吉野の天皇制構想を論ずることは、彼の民本主義構想を解明する重要な柱の一つとなる。

本章では特に、第一次世界大戦勃発後からの吉野の言説を中心に検討する。吉野は大戦中の一九一六年、「憲政の本義を説いて其有終の美を済すの途を論ず」を発表し、民本主義を体系化した[4]。この民本主義の根幹をなしたのが、これまで研究されてきた実質的な国民主権化と二大政党による議会主義構想であり、本章で検討する天皇制構想であった。大戦後、ヨーロッパ各国で君主制が崩壊し、中国でも帝制問題が浮上した。ロシア革命の影響によって、日本にも共産主義思想の浸透が問題化しつつあった。第一次世界大戦後はまさに君主制危機の時代だったのである[5]。吉野はこうした情勢下にあってどのような天皇制・天皇像を構想していったのだろうか[6]。

吉野作造（国立国会図書館ウェブサイト）

本章では次の三つの観点から吉野の構想に接近する。第一に世界の君主制をどう分析していたのか、またそのなかで天皇制についてどう語っているのか、第二に民本主義論のなかでどのように天皇制を構想したのか、第三に裕仁皇太子への教育や彼の外遊という具体的事例を通して、吉野はいかなる天皇制を思考していたのか。こうした方法から吉野の天皇制構想を明らかにする。

第一節　世界的な君主制の危機をどう見たのか？

ヨーロッパ——ドイツ・ロシア・スペイン

本節では、吉野が第一次世界大戦後の君主制の危機をどう分析し、天皇制を構想しようとしていったのか見ていきたい。ここではまず、ヨーロッパの事例について検討していく。

第一次世界大戦勃発当初、ドイツは各地で勝利を収めていた。吉野はドイツ強盛の原因を、皇帝が「常に国民の精神的中心となり……其人物の偉大なる」ことに見た(7)。君主個人の聡明さに民衆が敬服した結果、国家の統一が図られて発展し、戦争でも勝利しているというのである。なぜドイツではそのように「偉大な」君主が生まれたのか。吉野は、「独逸の帝室常に、子弟の教育に最も熱心に骨折られたと云ふこと」、「フオヘンツオルレン家が独逸新教の保護者として、多年真宗教の味方たらんことを家憲の一として来たと云ふ事」をその理由として挙げる(8)。聡明な君主が代々創出されるためには、君主としての素養を涵養するための教育と、君主が宗教の保護者であることが必要だと主張するのである。

このように、皇帝を中心として国家を結束させていることに対して吉野は評価する一方、国際社会におけるドイツの振る舞いには批判的で、その点では王室への見方も厳しい。

独逸皇帝は……独逸帝国のためには手段を選ばず、他国がマゴマゴして居るとか、何か外の事に忙殺されて居るといふ場合には、スカさず図々しく出掛けて自国の利益をはかるに抜目がない、是れ火事場泥棒の称ある所以である(9)

このように吉野は、ドイツが自国の国家利益を図るために「手段を撰ばず、国際道徳を無視し」た存在と見たのである(10)。特にフランスヴェルダン付近でのドイツ皇太子の奪掠行為を聞いて、吉野はその念を強くした。吉野は、国家を強固に統一させる王室の力に対しては評価する一方、国際道徳の欠如から他国を圧迫する態度には批判的であり、大戦中はドイツ王室に対しては両義的な評価を与えていた。その後次第にドイツが戦争で連敗し始めたことから、皇帝についても「驕気侮慢遂に公法の根本を犯して今日の惨禍を招く」と非難し(11)、それをドイツ敗戦の根本的な原因と分析した。

そして一九一八年一一月のドイツ革命と大戦終了後、吉野は「独逸の国民の大多数はホーヘンツオルレルン家に対して決して……非常な尊敬も払つては居ない」と王室に対して手厳しい評価を下すのである(12)。しかし一時はドイツ皇帝を「偉大な」君主と高く評価していた吉野が、その評価を取り下げるためには何か根拠が必要であった。その根拠の第一は、よく知られているように吉野が第一次世界大戦中から「国際相互の関係が、個人と同様に道徳律に支配さるゝ方向に向ひつゝある」

と思考し始め[13]、大戦後に道徳という観点からドイツを分析し直したことである。吉野はキリスト教的精神、すなわち規範としての道徳によって、第一次世界大戦後の国内・国際関係は構築されると思考した[14]。国家間の関係性においても、国内的な社会生活においても、吉野のなかでは道徳は重要な位置を占めたのである。そのため、道徳意識を強く持つ君主が民衆からの尊敬を受け、そうした君主の存在する国家こそが発展すると考えた。これは後述する道徳に基づいた天皇制構想に結びついていく。ドイツ皇帝は大戦中、国際的な道徳を無視して侵略を続けたためにそれが国内に波及して民衆からの支持を得られず革命が起き、結果的に敗戦を迎えたと吉野は見た。そのために、吉野のなかの道徳意識が高まっていった。

根拠の第二は、「ホーヘンツオルレルン家は根源《もと》の歴史を尋ぬれば固より成上り大名に過ぎず」と、王室の歴史に注目したことである[15]。つまり吉野は、ドイツ王室は王室として続いてきた歴史が存在しないために所詮は「成上り」で、そのため民衆は素直に王室を受け入れて尊敬することができなかったために国家を強固に統一することはできず、結果敗戦を招いたと考えた。この西洋君主制における歴史の問題について、吉野は後に民本主義と君主制の関係を述べた文章のなかで次のように言及している。

君主制の成立するには永く国民全体の絶対的崇拝の対象たりし君家がなければならない。不幸にして西洋には斯くの如き君家がない。有つてもそは皆歴史が新しく、随つて国民は只何となく有り難さに涙がこぼるゝと云ふやうな一種の霊感を之に対して有つことは出来ない[16]

吉野はこれに続けて、「然るに独り之れあるは我日本のみで、之が即ち我々の万国に誇る所である」と述べ、「万世一系」と言われる天皇制の独自性を浮かび上がらせる。もちろんこれは、民本主義が「国体」に抵触しないという吉野のロジックであるが、君主制が「歴史」的に続いてきたこと、それがすなわち君主を尊敬する条件だと吉野が主張したことの意味は大きい。この歴史という概念の発見こそが、第一次世界大戦後の吉野の天皇制構想の根幹をなしていくことになる。

吉野はまた、ドイツとともに第一次世界大戦中に革命で君主制が打倒されたロシアにも注目している。吉野のロシア王室に対する評価は、ドイツ以上に厳しかった。吉野はロシア革命成功の原因に「皇室の不評判」を挙げている。吉野によれば、ロシアの貴族は知識・道徳の点において貴族の名に恥じない実力を持っていなかったために、民衆の心服を得ることができなかった[17]。しかしたとえ彼らによる悪政があったとしても、「若し皇室が国民敬慕の中心となつてをつたなら、少くとも皇室の安泰丈けは保たれ得たであらうと思ふ」が、「皇帝の聡明に欠くる所あ」り、「皇室は一部の固陋なる官僚閥族……と余りに固く結託して、全然孤立の地位を作つて居た」ために革命が起き、皇帝は処刑されたと言うのである[18]。吉野はロシアに対してもドイツと同様に、道徳という観点から民衆と君主の関係を分析し、君主の道徳性の欠如を君主制危機の原因とした。君主制が民衆からの支持を得るためには、君主の道徳的素養が必要であると主張するのである。

吉野は、君主制が打倒されてしまったドイツ・ロシアだけではなく、第一次世界大戦後にあって逆に君主制が安定したスペインにも注目する。吉野によれば、スペインは一時王室の尊厳が落ちて共和国化が心配されたが、現在では民衆の「王に対する愛敬の念が大に旺盛にな」った。それは、「現陛下が人情に篤い、思ひ遣りの好い、温厚の君であること、、又英吉利から来た皇后陛下の淑徳の誉高き評判」のためである。そのような「人格」を持った君主が生まれるのは王室への教育の成果であり、君主の性格こそが「従来反王朝熱い酔うて居つた国民の思想を一変」させたと吉野は見た。[19] 王室への適切な教育が君主の道徳的人格を形成させ、それこそが「国民の忠君思想の養成には第一に必要である」と主張するのである。[20] 吉野はここでも君主教育の重要性を指摘し、君主の「人格」が民衆の感情に大きく影響し、君主制の存続・国家の安定につながるとの論を展開した。

スペインについては、吉野が社会政策に言及していることも注目される。吉野は、スペインでは「人情に篤い、思ひ遣りの好い、温厚」な王が先頭に立って、国家が「社会政策を行うて国民の生活を保障」したことで、忠君愛国思想が形成されたと見た。吉野にとって社会政策こそ、道徳の実践であった。君主や国家がそのように道徳を具体的に表象するような行為を行うことで、民衆は君主の道徳を感じ取ることができ、民衆と君主の間で道徳的関係が形成され、社会が安定すると吉野は考えた。こうした王室・国家の社会政策の成功例への言及は、それを日本へ導入することで、君主制の成功をしたスペイン同様に、世界の君主制の危機が波及することを回避しようとしたからだと思われる。

これまでヨーロッパの事例で見てきたように、吉野は君主制存続の必要条件として、君主の道徳的「人格」を挙げている。そして、そうした「人格」を形成するための君主教育の重要性を強調した。また君主制が存続しなかった要因の一つとして、君主制の続いてきた歴史が存在しないことを挙げている。このようにヨーロッパの君主制の危機を見ることで、吉野は天皇制の独自性を浮かび上がらせ、あるべき天皇像を構築していったのである。

中国——袁世凱の帝制問題

ここでは、同時期に起こっていた中国の帝制問題を吉野がどう見、そこから天皇制をどう構想していったのかを検討していきたい。

吉野は一九〇六年より三年間、袁世凱の長男袁克定の家庭教師をしており、中国問題への関心は高く、南方革命派を支持していた。袁世凱は一九一五年五月の二一カ条要求受諾後、自らが皇帝の位に就く運動を推進していった。吉野はこうした袁世凱の帝制運動に対して、中国では「立憲共和に適せずとせば同じく立憲帝政にも適せずと云はざる可らずして、唯た独裁政治のみ可なり」と、中国には強力な独裁制が必要だと述べ、君主制を敷くこと自体には特に反対しなかった[21]。なぜ中国には独裁的な君主制が必要なのか。吉野はその理由としてまず、「国家統治の便不便の論として、君主制の遙かに共和制に優ることは言ふを俟たない」と、一般的に国家統治の観点からは君主制のほうが共和制よりも便利であることを述べ、「殊に東洋諸国の如く一般民智の程度低き処に於ては、君主制を外にして国民精神を統一するの良道は殆んど見出し難いと言ってよい」と、東洋は特に「民智の程度」が低いことから、国家の統一を図るためには君主制が必要だと主張するのである[22]。

吉野によれば、中国のような「積弊の多い国に在りては……不世出の大英雄出現して一大改革を断行することが、国家百年の進歩の為めに望ましい[23]」。中国は強力なリーダーシップを発揮するような君主によってしか、国家を発展させることはできないと見ていたのである。

では吉野は、袁世凱はリーダーシップを発揮して中国を国家として統一・発展させることができる存在だと考えていたかと言うと、そうではなかった。

袁氏は近代稀に見る偉人ではあらうけれども、彼には決して断行の勇がない。彼は本来小心翼々左顧右眄、云はゞ極めて臆病な人である。加ふるに彼の聡明は、彼をして余りに利害の打算に鋭敏ならしめる。仮令彼は専制君主の地位に立つても、中華民国百年の大計の為めに、大改革を断行するの勇気を発揮することはあるまいと思ふ[24]

このように、袁世凱の「人格」に対する吉野の評価は大変厳しかった。吉野は、袁世凱は中国をまとめ上げるだけのカリスマ性に欠き、道徳性に乏しいと評価したのである。ここでもヨーロッパ同様、吉野が君主の「人格」的な要素を重要視し、それを君主制存立の必要条件としていることがわかる。中国には改革を推進するために強力なリーダーシップを伴う君主制が必要ではあるが、袁世凱は「人格」的にその器ではないとして、皇帝就任に反対の意を表明した。

しかし吉野は、こうした「人格」的な問題だけではなく、民衆と君主の関係について次のように述べて、袁世凱の皇帝就任に反対する。

歴史的に国民の崇敬を受け、伝来的に厳然たる権威を万民の上に有する所の一帝室存在する時、初めて帝政は之を可とせらる丶。非常に偉大なる人物でも、一代の成り上がり者では、国民の崇敬を受くる事は出来ない……支那人の多数は、袁氏の人物又は家柄を決して重んじては居ない[25]

このように袁が民衆の尊崇を受けるような家柄でないことを指摘し、ヨーロッパと同様に、君主の家として続いた歴史が存在しているかどうかを君主制の条件としたのである。「子々孫々相継いで君臨し治まつて行くには、千年二千年の長きに亙つて万民を育んだといふ歴史的の箔がついた皇室がなければならぬ……故に曰く支那では日本のやうな意味の帝政は断じて不可能」と断ずる吉野[26]にとって、中国の君主制は「我邦歴代の閥族及び幕府に似た」ようなものであった[27]。これは、「日本の国体に何等かの影響あるべきを恐れて、隣邦に革命運動の成功するを忌むといふ点から自ら帝政運動に同情を表せんとする」意見[28]に対する批判から想起された思考である。日本は歴史的に「叡慮仁慈なる列聖を戴」き、「皇室を中心とする特異なる国家組織」が存在しているために国家組織が強固であると説明することで、吉野は革命派支持を拡大しようと試みた[29]。このように吉野は中国の帝制問題に言及して革命派を支持し、袁世凱を批判することで、帝制運動とそれへの反対運動・革命運動が日本に波及して天皇制に影響することはないと強調したと言えるだろう。その議論は、吉野の構想する天皇制・天皇像の諸特徴をも析出させていったのである。

世界的な君主制の危機と日本

第一次世界大戦を経て、吉野は世界の潮流が「内政における社会的正義の確立……換言すれば民本主義の徹底を求」めていると見た[30]。その君主制の危機は共和制への志向ではなくて民本主義徹底が目的であり、その障害となったから君主制は打倒されたと主張する。

一方で吉野は、「我国今日の民衆と云ふものは……容易に野心家の利用する所となると云ふ傾向があると思ふ。之では益々仏蘭西革命当時のモッブ［Mob、フランス語で群衆のこと］と違はないものとなるので、到底民衆の健全なる発達と云ふ事を期する事は出来ない」と「革命」という文字を出して、自由な民衆運動がかえって国家や世界を混乱に陥れると危険視していた[31]。吉野は革命・世界的な君主制の危機を意識せざるを得なかった。特にロシア革命を推進したマルクス主義に対しては、「民本主義者は必ず社会主義者であるとは限らないが、然し社会主義者であっても妨げない。けれども断じて過激主義者たる事を得ざるものである」と、自らがそれと同じ立場でないことを強調し[32]、「予は無政府共産主義には勿論反対」と、アナーキストらによく読まれていたクロポトキンの理論を次のように再解釈して彼らを批判する。

主権者は単に命令者としてのみでなく、積極的感激の源泉となるようにならねばならぬではないか……我が皇室の国民に対する関係は、命令服従の形式的なものではなく、モット深いモット高い道徳的関係に在るのである。故に斯る強制関係を超越した即ち無政府的境地に美しき我国君臣の情誼を安置すべきであると思ふ……主権者を如何するかといへば、之を排斥すべしといふ議論もあり得れば、之を道義的に更に高尚な国民的尊崇の中心とせよといふ議論も成り立ち得る……若し無政府主義といふ文字を後説の様に解すれば、平和なる家庭に命令服従の水臭い関係がないと同じ意味に於て、我国の如きは寧ろ無政府的なるを誇とすべきものではあるまいか(33)

吉野は後述するように民衆の意思が国家意思となることは主張したが、それが騒動や革命へと発展していくことには懸念を示した。吉野は、世界的な君主制の危機や革命思想がそのまま日本に入ってきた時、民衆が先鋭化することに危機感を有していたのである。だからこそ民衆と天皇の歴史的な道徳的関係を「無政府的境地」と強調することは「内政における社会的正義」を確立することと同義であり、民衆の意思と天皇の意思は同一であって強制的に変化を迫られるものではないと強調して動揺を防ごうとした。

そして吉野にとってその「内政における社会的正義の確立」とは、君主の「人格」が道徳的であるか否かによって大きく規定されるものであった。先の引用で吉野は君主は「積極的感激の源泉となるようにならねばならぬ」と述べてその道徳的「人格」の必要性を強調していたが、そのための君主教育の重要性を主張する。

国家の鞏固なる統一は、上下の秩序の確立に俟つ……真に傑出したる人格を以て社会の上流に立つ時は、其国は秩序最もよく行はれ、国家の統一も亦頗る鞏固になる……我国の　皇室は歴代賢明の御方に在まし、古往今来国民常に仰いで其徳に感激せざるはない。上に英明の君を仰ぐことは、実に日本国民の誇りであつて、我が帝国が秩序正しく古来堅き結束の上に発達して来たのも、主として之の点に重大な関係を有する(34)

吉野は、「其徳」＝道徳性の有無によって天皇が尊敬の対象となり得たと見ていた（そのため、同じ文章のなかで裕仁皇太子の教育はそれが涵養されるようなものにするべきだと主張した）。だからこそ君主は「積極的感激の源泉となるようにならねばならぬ」。道徳的「人格」を兼ね備えた君主が存在することによって、民衆にもその影響が伝わり、道徳的要素によって安定的な社会となる。民衆と君主の関係は道徳によって規定され、国家の秩序が道徳的規範に満ちた結果、国家は道徳的倫理共同体化する。それこそ「無政府的境地」であった。そして君主が高次の道徳的中心となることで、民衆意思に権威が保たれる。

「本当の君主国体の味を体験し、しかしてこれを世界に発揮し得べき地位にあるものは我が日本のみである此点において我々は此特殊の国体を以て世界の文明に貢献し得べき何物かを持つて居るに相違ないが、併し其の前に我々は先づ以て民本主義に徹底した国となつて居なければならない」との吉野の主張(35)は、世界の大勢である民本主義を導入することは民衆と天皇との意思統一が図られる＝「無政府的境地」であるとの論理で展開されたものであった。だからこそ吉野は、道徳による民衆と天皇の関係を強調する。では、その道徳に基づいた天皇制構想とは具体的にはいかなるものなのだろうか。次節で検討したい。

第二節　天皇制と民本主義

主権と国家威力

本節では吉野の民本主義に関する理論から、特に天皇制の問題について析出し、吉野が民本主義を定着させ、どのような天皇制を構築しようとしていたのかを考えていきたい。当時、民本主義を日本に導入した場合、「国体」に反するのではないかと懸念されており、吉野はこうした懸念を払拭することから論を展開していく。

まず吉野は、「デモクラシー」には概念の違いから、二つの訳語があると述べる。一つは「民主主義」であり、これは「国家の主権は法理上人民に在」るという考え方だという[36]。しかし吉野は、民主主義は「我が国の如き一天万乗の陛下を国権の総攬者として戴く国家においては、全然通用せぬ……憲法解釈上毫も民主主義を容れるべき余地がない」と強く言い放った。天皇が統治権の総攬者と憲法で規定されている日本には、民主主義概念は不適合だと言うのである。これは、「国体」に抵触することなく「デモクラシー」を導入するためには必要な論理であった。では「初めから君主国体たること明白」な日本では、どのような概念が適合的なのか。それが「デモクラシー」のもう一つの概念である「民本主義」であった。これは、「国家の主権の活動の基本的の目標は政治上人民に在るべし」との考え方に基づいていた。憲法の天皇大権と矛盾しないのは民本主義概念であり、その訳語・概念を導入すべきであると吉野は主張する。吉野はあくまで「国体」の枠内で「デモクラシー」概念を導入し、民本主義が天皇大権に抵触するという懸念を払拭しようとした。

では、主権が「法理上人民に在」ることと「国家の主権の活動の基本的の目標は政治上人民に在る」ことには具体的にどのような違いがあるのであろうか。それを解明するためには、若き日の吉野の国家観や主権に関する議論を検討する必要がある。

吉野は国家と民衆個人との関係について、ヘーゲルの有機体的国家観を受容しながら、独自の構想を展開していった。吉野によれば、個人は有機体としての国家の意思に「統制指導」され、この個人に対する最上の内的規範である団体としての国家の意思が「国家精神又は国家魂」と呼ばれるものである。[37]これは「国家威力」とも言い換えることができる。その国家威力は多数の民衆の意思に基づく規範であり、「各個人の国家的行動を命令し得る法律上の力」である主権とは明確に区別された。[38]つまりは、特定の個人が上から与えるような命令ではなく、多数の民衆の合意を形成することで成立するのが国家威力であった。しかし国家威力は不特定多数の民衆意思によって形成されるゆえ主体が漠然としており、それだけでは有機体である団体として統制指導する意思たり得る権力を持つことができない。それゆえにその意思は、特定の個人や団体の意思を通して発表されることで権力を持ち、個人を統制指導するのである。この通過する個人や団体こそが、主権者であると吉野は言う。[39]吉野によれば、古代にあっては国家の維持は賢明なる君主の力で事足りたため、主権と国家威力は君主が同時に持ち、君主は法律上のみならず倫理上も最高の価値を有していた。つまり君主即ち国家であった。しかし近代になって「各個人の自主自由の精神が勃興し」、かつ多用な国家経営を君主一人で担うことはできなくなった。そのために次のような事態が起こるのである。

国家威力は最早多数人民に帰せりと雖も主権は従来の歴史の結果として君主にあり……人民は最早主権者其人の其儘の意思に絶対の価値を置かず、主権者も亦其主権的行動をして国家威力の指示する所に準拠せしめざれば以て永く一般国民の心服を繋ぐことを得ざることとなれり……政治上より之を論ずれば主権は実際国家威力の支配を受くること多きものにして且つ又之が掣肘に甘ずるを可とするものなり。何となれば主権者が能く主権者として永久に万民の尊敬を博せんとせば一に国家威力の指示する所を着実に顕表するの措置に出でざるべからざるを以て也。故に近代国家に於ける国家威力は単に臣民を統制するの規範のみならず又実に主権者をも指導するの活力たるものなり。是れ政治の理論上主権者……を以て国家威力を顕表する最高機関なりと云ふ所以也。故に此点より云はゞ一国の君主の政治的行動の理想は国家威力の忠実なる顕表なり、理想的の首長は国民精神の忠実なる代表者たるものなり(40)

吉野は、近代においては国家威力は民衆に、主権は歴史的な背景から天皇がそのまま持つ形になったと言う。憲法で規定された天皇主権を容認しつつも、国家威力が民衆にあると述べることで、国家の最上の規範である国家意思は民衆によって決定されるということを主張する。しかも吉野は、主権者である天皇が国家威力を持つ民衆から心服を得るためには、民衆の意思である「国家威力の指示する所」をそのまま「顕表」しなければならないと主張した。すなわち主権は国家威力によって拘束されるのである。吉野が「君主は法律上主権を総攬する所の人であるけれども、実際の政治上に於ては、政権に携さはらない」と述べたのは、天皇が国家意思に自身の考えを差し挟むことができず、民衆の意思を「顕表」し、それを国家意思として最高規範化する、つまりは民衆の意思に権威を付与するための機関にすぎないと構想したことを示している。[41]吉野の構想する天皇制の「顕表」化とは実質的な国民主権を志向したものであるが、一方で天皇という存在を通すことで民衆の意思が最高規範化するという、天皇の権威性を認証していたことを確認しておかなければならない。しかもそれが達成されなければ、「革命の惨禍」の可能性まであると言う。その後の第一次世界大戦後の世界的な君主制の危機を予期していたかのような指摘である。いずれにせよ「国家の主権の活動の基本的の目標は政治上人民に在る」という考え方は、このような吉野の国家観・主権観から生み出されたものであり、吉野はそのために「国体」に抵触しない形で民本主義の導入を強く主張するようになった。吉野は大戦前のヨーロッパ留学（一九一〇～一九一三）のなかで次第に国家という枠組みから脱し、一九一六年に「憲政の本義を説いて其有終の美を済すの途を論ず」を発表するが、国家主義者などからの批判を浴び、二年後の「民本主義の意義を説いて再び憲政有終の美を済すの途を論ず」では再びこのような国家の枠組みを議論に組み込んでいった。[42]第一次世界大戦後の世界的な潮流を意識していたものと思われる。

吉野はまた、民本主義が天皇大権に反するのではないかとの懸念に対して、別の観点からも反論する。それは、民本主義を主権者である天皇も望んでいるという主張である。

明治天皇陛下は維新の際、五箇条の御誓文を発せられて、其中に「広く会議を興し、万機公論に決すべし」と云ふ事を仰せられてある。民衆政治を日本の国体に合はぬなどと云ふ説をなすのは、それは君主と人民とを敵味方にして、そして貴族とか云ふやうなものを其中間に置いて、君主の民衆に対する防御線とした所の昔の謬つた考の遺物である……然るに民衆政治と云ふものは皇室に忠義を尽すと云ふ役目を、所謂藩屏者流丈けの特権とせないで、弘く一般人民に与へんとするものである[43]

ここで吉野は五箇条の御誓文を評価し、天皇こそが「万機公論」を求めている存在であると主張した。天皇も求めている議会主義を実現することこそ、天皇を尊敬し忠義を尽くしていることになり、「国体」を強固にするという。そして天皇の権威を借りて議会主義を否認する勢力に対しても、民衆と天皇の接点を奪っており、天皇の希望に反していると批判した。

吉野は藩閥による哲人政治主義（変装的専制政治主義）を批判し、立憲政治の理想は民本主義の徹底にあると訴えた。ただし民本主義に基づく議会主義を採ったとしても、「矢張り政権の運用を託するに当つては、少数の賢者を選ぶのであ」り、「賢明なる少数者の意見を一と先づ人民の精神に吹き込んで、之を世論といふ形に変形せしめ、其の世論を代表するといふ資格で、賢明なる少数者が更に政見を行ふ」という点では、吉野にとって「哲人政治といふ事は、決して平民政治と相矛盾する者ではな」かった[44]。吉野は「形から観れば、政界の主人公は人民のやうであるけれども、実際に於ては矢張り賢明なる少数者が国家を指導するのである」と述べ、民本主義への抵抗感を和らげようとした[45]。しかし実際には、「賢明なる少数者」が自らの政策を訴えて国家威力を持った民衆から選ばれることによって、国家の最高意思を委託され、具体的な政治を行っていくことを目指したのである。そうした民本主義が導入された時こそ、主権者たる天皇は国家威力を「顕表」する機関なり得ることができた。

「微妙なる情誼的関係」

吉野は、国家威力が民衆に移ったとしても「現実の問題としては、飽くまで天皇の主権に依つて社会を統制するといふことは必要だ」と述べて、天皇制の下での統治システムを主張した[46]。しかし、教育勅語や国家神道などの上からの国家イデオロギーの注入など、現実の統治システムに関する吉野の評価は厳しかった。吉野はこれら国家による国民思想統一の試みを、「思想の混乱を誘致するものと言はなければならない」と断じる[47]。「我邦教育の弊は単に注入教育に止まらず所謂国家主義的の下に行ひ来たれる画一教育の弊亦た頗る甚だしきものあり」と、現下の思想混乱を国家による画一的な教育の結果と批判し、そうした上からの画一化・強制命令化に対して鋭い批判を投げかけた[48]。その意味で現状を肯定してはいなかった。

では吉野はどのような国家システムおよび天皇制を理想としていたのか。

帝国の永遠なる理想に於ては、命令、服従の関係強制組織といふものゝ非認でなければならない。之を今日非認するといふのなら、危険此の上もない思想であるけれども、これが無くても済むやうに国民を導くが為え命令、強制が必要だといふ見解は、何処までも取つて行きたい。そこで将来の遠い理想郷に於ては、命令服従の関係が無くなるとすれば、主権者たる天皇はどうなるかと疑ふ人もあるだろうが、それが即ち……命令の君が一転して愛慕の君となることである……我々は我が国の皇室をして、将来命令者主権者として望むの必要なからしめんが為に、主権者命令者として之を今日に尊崇したい(49)

ここで吉野は、現状においては「命令、服従の関係」を採ることを主張する。おそらく共同体としての秩序維持を意識したため、こうした関係によってその強化を図ろうとしたものと思われる。しかしそうすることで理想に近づいた時、命令者であった天皇はその地位を超越し、「愛慕の君」へと転化することが可能になると吉野は言う。そして民衆と天皇とが互いに意思を一致させた国家の確立を目指したのである(50)。それこそまさに前述した「無政府的境地」であり、吉野の言う民衆と天皇との道徳的関係に他ならない。

ここで、前述した「賢明なる少数者」による政治という、吉野の議会構想と天皇制の問題がリンクしてくる。吉野は、「国民を指導する精神的に優秀なる少数者の先頭に、国王が立つて居ること」が望ましいと述べる。「賢明なる少数者」の先頭に立つためにも天皇は、「其の国民の尊崇を受くる所の地位、其の人格といふものに依つて、道徳的感化の中心となつて居なければならん」なかった。「命令、服従の関係」ではなく、理想的には天皇の「人格」によって民衆が自然と天皇への尊崇の念を持った関係、そういった民衆と天皇との道徳的関係を根拠にして世論が形成される。それによって民衆と天皇の意思は自然と合致していく。こうして天皇が直接的に意思を表明せずとも国家の意思は決定されていき、結果として天皇は権力を行使しなくなる。これが天皇制と民本主義を接合させた吉野の構想だった。吉野は、そうした関係があるからこそ、天皇の主権も守られ、民衆も実質的な権力行使が可能になると考えた。吉野は、天皇は日常的に政務を行う存在ではなく、重要な時に判断を下すべきである、そこに「一種の趣きがある……滅多に物を言はない人が隅々口を利けば、それが非常に重きを為す」と述べる(51)。天皇の主権者としての権力を認証するも、しかしその行使を限定し、主権者である天皇には一種の監督者・裁定者としての地位を想定していたと言えるだろう。吉野は、「金甌無欠の我皇室は我大和民族の世界に対する最大の栄誉たる耳ならず、亦た実に国家統一の中枢にして礼儀政刑の本源なり」と、権威・権力の源泉としての天皇制・天皇像を描き、道徳に支配された新たな倫理的共同体に民衆と天皇を埋め込み、その共同体の中心に天皇を据えようとしたのである(52)。

我が国独特のものであると誇る所の国体の観念は、主権が君主にあるといふ法律上の観念に止まらずして、更に君主と人民との間に微妙なる情誼的関係あるといふ其の道徳的方面に存するものである。皇室を吾々民族の宗として之を尊崇し、此の皇室を中心として、国民が精神的に完全に団結して居るという点は、我が国を除いては何れにも之を見出すことが出来ない。皇室を中心として我が国民が堅く結び付けらる丶といふ点は、万国に冠絶する我が国体の特長である。我が国の君主が主権者としての地位の最も鞏固なる所以も、亦此に基ゐするものである(53)

このように吉野は、「微妙なる情誼的関係」ゆえ天皇の崇敬・権威性も保たれると考えた。先述の画一的な教育を批判するのは、ここに起因すると思われる。吉野にとって「国体」とは、こうした道徳的関係に基づいた、民衆と天皇の「微妙なる情誼的関係」であった。ゆえに民本主義が「国体」と相容れないという議論に対して吉野は、「日本古来の美風たる君民一体の思想に反せる」と強く反論する[54]。

そしてこの「日本古来」という概念こそが、吉野の天皇制構想のもう一つの根幹をなしていく。吉野は民衆と天皇の「微妙なる情誼的関係」を説明するなかで次のように述べる。

[その] 基礎を最も合理的に説明するものは、どうしても人格的説明でなければならない。即ち日本の建国以来皇室と人民との間の関係が、歴代君主の人格の余徳が一般人民の上に及ぼしたといふことに因るの外、他に適当の説明は無い。即ち過去に於て皇室と人民とが、最も密接に人情に依つて結びつけられて居つたといふことを以て、この国体観念の基礎を説明しなければならぬ[55]

吉野は「民族の宗」としての天皇像を強調し、そうした天皇を中心として国家の団結が図られていると主張する[56]。そのなかで強調された民衆と天皇の道徳的・情宜的関係こそ、吉野によれば法律論では語れない「永き歴史の所産」であった[57]。吉野は津田左右吉・和辻哲郎などの学問に影響を受け、「或人の説によると、日本の歴史始まつて以来、君主が本統（ママ）に親政を行つた年代は、唱闢以来二千五百年の中、僅に二十幾年しかないといふことである。君主の絶対的親政の、事実に於て行はるべからざると、極めて明白である」と、君主親政は歴史的には例外に属し、「君民一体」を理想とする民本主義は、歴史的に続いてきた民衆と天皇の道徳的関係に最も適合的だと主張した[58]。こうした歴史の発見によって吉野は、道徳に基づいた天皇制構想を結実させていくのである。「微妙なる情誼的関係」にある民衆と天皇においては、天皇は民衆の利福を損なうような判断はできず[59]、民衆も天皇が「自然に有する所の道徳的勢力に依つて……重大なる影響」を受け、天皇制を打倒するような行動は起こさない。「会々賢明なる君主を戴く時に、其の賢明なる君主の人格が実際政治の上に非常に勢力を揮ひ得る[60]」と述べる吉野は、天皇の「人格」的要素が自らの構想する道徳に基づく天皇制を構成する鍵だと見ていた。それは、ヨーロッパを中心とする世界的な君主制の危機を見たことから想起された構想でもあった。

吾々も亦君主の立憲政治に於ける地位をして、只だ冷かなる法律制度の上の元首たらしめたくない。願くば吾々国民の心裡に直接交通する所の温かい道徳上の元首として、何時までも君徳を仰ぎたい[61]

このように吉野は第一次世界大戦後、道徳概念を強調し、それを民衆と天皇の関係にあてはめた。「道徳上の元首」である天皇の存在を「歴史の所産」とすることで、世界の君主制とは異なる天皇制の独自性が強調される。道徳を基礎に据えた倫理的共同体の中心に天皇を置くことで、天皇制と接合された民本主義を「国体」として導入させようとした[62]。

第三節　裕仁皇太子への期待

天皇・皇太子の「人格」と教育

これまで見てきたように、道徳によって民衆と天皇の関係を捉えようとした吉野は、天皇自身が道徳的に優れた「人格」であること、それが歴史的に続いていることを天皇制の必要条件としていた。前述のように、吉野はヨーロッパを中心とする世界的な君主制の危機を検討した時、特に君主の教育の重要性を強調していたが、吉野にとって、いかに道徳的な「人格」を有した天皇が形成されるのかが自らの構想を実現する鍵だったのである。ではそこから、皇族に対してはどのような教育を行っていくべきだと考えたのだろうか。

その前にまず、吉野が明治天皇・大正天皇をどう評価していたのか見ておきたい。吉野は明治天皇を「維新の大業成り外、開国の国是を立て内、立憲政体の基を定められ、日清日露の戦役に由り皇威を世界に輝かせ給へり」と、日本という国家の基礎を築いた人物と高く評価している[63]。また「立憲政体の基を定められ」とあるように、先の五箇条の御誓文への評価同様、明治天皇は立憲制・議会制度を望んでいたと強調していることは注目すべきである。次に続く大正天皇について吉野は、「聡明仁孝」な「人格」であると述べる。「御大典」時の評価であるのでそれを差し引く必要はあるが、先に高く評価した明治天皇を継いで、「英明の資を抱いて新に国民を指導し給ふ」と、高い評価を与えていた[64]。

吉野は大正天皇の「御大典」を、「精神的日本を建設すべき門出」にすることを提案した。彼は新たな天皇の登場を契機に、新たな国家のアイデンティティーを形成しようとしたのである。そのために民衆の「精神的な覚醒を促」し、「大正皇帝即位の大典をして、我国の歴史上に大なる意義あるものたらし」めようとした。このように、吉野は日本の国家としての興隆と天皇個人の存在をリンクさせ、大正天皇の新たな登場を歓迎していた[65]。

こうして明治・大正両天皇と「万世一系坤与に比類なき芽出度皇統を受けさせ給へ」ていることから[66]、次の裕仁皇太子に対する吉野の期待も当然高くなる。一九一六年の立太子式は明治天皇の誕生日に当たる一一月三日に行われたことから、現実にいる裕仁皇太子と明治天皇の記憶とが吉野のなかで重なっていった。吉野は裕仁皇太子の「人格」を「夙に英明仁孝の御聞へあり」と、大正天皇と同様に「英明」と評価をした[67]。

立太子式の翌月、吉野は皇太子教育に関しての文章を発表する。そこでは、民衆と皇太子を接触させないことで天皇制の尊厳を保とうとする意見に対し、「たゞ遠くから拝し参らしては勿論の事、近く接し奉れば尚更其尊さが発揮し給ふやうに、御教育申し上ぐるを方針とすべし」と反論する[68]。吉野にとっての民衆と天皇との関係は「微妙なる情誼的関係」でなければならず、それは西洋の成功した君主制のように両者の接触を前提としていた。こうした皇太子への教育方針は、国家の発展のためにも大きな影響があると述べる。なぜなら「国家の鞏固なる統一は、上下の秩序の確立に俟つ」のであり、「傑出したる人格」が社会を指導する時、「其国は秩序最もよく行はれ、国家の統一も亦頗る鞏固になる」からである。日本は「歴代賢明の」天皇がいたために、民衆は「其徳に感激」し、「我が帝国が秩序正しく古来堅き結束の上に発達して来た」と吉野は言う。

これまでの主張と同様に吉野は、国家の統一や興隆と天皇の「人格」的な問題をリンクさせた。民衆と天皇に独特な関係が存在するのは、「人格」的に優れた天皇が輩出されているという歴史があるからだと述べる。そして、「東宮殿下を真に万民の父たるに適し給ふやう御養育申し上ぐるといふ事は、実に日本国基の鞏固を涵養する上にも重大」と、日本が国家としての統一を強固にしていくためには、天皇の「人格」的素養が最も重要だと主張した。吉野はこのように皇太子の教育について、「万民の父たるに適し給ふやう」な、つまり民衆との関係を念頭に置いた上で行うべきと主張した。天皇が「道徳的感化の中心」でなければならないと考えた吉野にとって、民衆の意識を感じ取ることができる天皇を養成する教育こそ、天皇制構想に最も必要な要素だった。このように吉野は、自身の構想する天皇制に適合的な存在として、皇太子が教育されることを望んだのである。

裕仁皇太子外遊

第一次世界大戦後、政府とて世界的な君主制の危機をただ見ていたわけではなかった。新たな主潮に適合的な天皇制が原敬首相を中心に模索されており、その試みの一つが、一九二一年三月から一〇月まで行われた裕仁皇太子のヨーロッパ外遊であった。[69] これを契機に民衆の天皇制への親しみが増したことがマスメディアで盛んに報道され、外遊を無事にこなした皇太子に対して大きな期待が寄せられた。吉野もそのなかの一人であった。「御大典」時には大正天皇を「聡明仁孝」と高く評価して、新たな天皇制に適合的な存在と考えていた吉野ではあったが、天皇が「軽微の御症状」とはいえ「御不例」であることを「洩れ承つて日夜痛心」し、裕仁皇太子に大きな期待を寄せるようになったのである。

皇太子の外遊出発前、吉野は外遊中止を求める者に対し、「是亦国民の皇室を思ふの至情に出づるものとして今更ながら我々は君民相倚るの敦厚なる美風を喜ばざるを得ない」として一定の評価はしつつも、「殿下自ら進んで外遊御見学を熱望し給ふといふに於ては、臣子の分として強て之を御引き止め申すべきではないと思ふ」と述べ、外遊の必要性を強調した。吉野によれば、今日は再び好機が現れないくらいの外遊に「絶好の機会」であった[70]。おそらく天皇の病気に対する心配から、病気が悪化したり皇太子が天皇になってからでは外遊をすることはできないからこそ、早く西洋の君主制を皇太子が見学し、それを参考にして新たな天皇制を早急に形成する必要があると考えたのであろう。

吉野はこの外遊の目的はあくまで皇太子の見学にあり、「政治的目的を資けんとするにあるので無いは勿論、又固より日東帝室の威容を海外に示さうとするに在るのでもない」と主張する。吉野は外遊に皇太子への教育的効果を込め、皇太子がイギリスなどの西洋の民衆と王室との関係を実地で学び、「人格」的に成長することで、自らの構想した新たな天皇制を担えるだけの存在になることを期待したのである。

外遊中の皇太子は吉野の期待以上だったようで、皇太子帰国にあたって、「殿下の聡明軽快なる御行動が、其の到る処毎に宮廷と民衆との敬愛を博し、欧州の人々をして一層我が　皇室と我が国そのものとに対する親しみを深うせしめ給ひたるは、我等の感激して措く能はざる所である」と、皇太子を高く評価していた[71]。外遊によって皇太子そして日本という国家が得た最大の成果を吉野は、「殿下の敬すべく又愛すべき御人格が中外に宣名せらるゝの好機を得たこと」と「御見聞を拡め給ふに連れて御人格の向上発展を大に促進するの端緒を作り給うこと」としている。外遊によって皇太子に君主としての「人格」が涵養され、それが民衆に親しみある皇太子像としてマスメディアを通して伝えられることで皇太子への期待が高まり、民衆と天皇の新たな関係が構築されようとしたことを評価したのである。

吉野は外遊を経験した皇太子によって、「皇室と我々臣民との間に、名ばかりではない真の人格的関係が開拓せらるゝこと、ならば、どれ程国家の福であるかは分らない」として、皇太子の外遊と国家の発展を結び付け、次のように持論を展開した。

我が日本に於て君臣の情誼の格別に敦厚なるは固より一朝一石の事ではない。而して其由来に関する唯一の合理的説明は、歴代の天子の英明仁慈にましませる御人格に帰すべく、従つて将来と雖も、皇室の聡明を拓き臣民に対する自然の人情を培うことが、真に万世一系の国体を奉重する所以と謂はなければならぬ天皇の聡明な「人格」によって、民衆との間の関係が構築されている、そのような関係が日本では歴史的に続いている。吉野は天皇の「人格」を聡明に形成させることで、その「万世一系」性を保とうとしたと言えるだろう。この外遊を裕仁の「人格」形成のためのツールとして考え、皇太子が自らの期待どおりになったと高く評価した。

吉野はこの外遊後、「殿下に依りて新たに我が　皇室に輸入せられんとする清新の空気は、実に我々国民の永く望んで容易に得る能はざりし至宝である」と、西洋を見聞した皇太子を中心に宮中の改革が進むことを期待していた。「デモクラシー」的要素が天皇制に導入されることを期待していたのである。そうした期待を「人情の自然の発露」と捉える吉野にとって、皇太子を再び遠ざけることで天皇制の威厳を維持しようとする意見に対し、懸念を表明せざるを得なかった。外遊によって「清新の空気」を持ち帰った皇太子こそが、民衆と天皇の新たな関係を構想した吉野にとっては重要なアクターであった。

一方で吉野は、外遊後に「殿下の御身辺に従来築かれたりし障壁の徹せられたるに乗じ、軽佻浮薄なる徒輩が無思慮の盲動に依て　皇室に対する節度を失することなきやの点、また大に警戒する必要とする」と、天皇の尊厳が傷つけられることには反対した。あくまで天皇は日本という道徳的倫理共同体の長として、民衆に対して権威を持っていなければならなかった。天皇の尊厳が傷つけられることで、革命まで発展することを懸念していたと思われる。大戦後の君主制の危機のなかで吉野は、民衆と天皇の道徳的関係を強調し、その関係を構築するために君主の「人格」的な要素を重要視した。吉野は裕仁皇太子の外遊も、危機のなかで生き残ったイギリスの君主制を皇太子が実地で学ぶことで、新たな天皇制を担う「人格」を形成する機会になると考えていたのである。

おわりに――吉野の構想した天皇制

第一次世界大戦後の世界的な君主制の危機は、天皇制に対しても大きな影響を与えた。吉野作造は、その危機の原因を君主の道徳観の欠如と見た。君主が「人格」的な問題から民衆の尊崇を失ってしまった結果、君主制は次々に打倒されたと分析したのである。こうした現状を見、第一次世界大戦後の世界が道徳によって支配されると考えた吉野は、民衆と天皇の道徳的関係を強調していくようになる。それは、第一次世界大戦後の日本の国家再編成過程のなかで、天皇制を民衆の道徳的支配の支柱にすることで、新たな倫理的共同体を構築しようとした構想と見ることができるだろう。

吉野はまた、他の君主国を分析するなかで、それらとは異なる天皇制の独自性も強調していく。吉野のこうした意見によって、天皇制の「万世一系」性や代々「人格」者を輩出する家系であることが析出されていく。それは、吉野の天皇制構想が「国体」に抵触しないことを示すのと同時に、世界的な君主制の危機＝革命を日本にも波及させないようにするために彼が思考した方法でもあった。吉野は日本における天皇制の歴史を説明しながら、それが民本主義といかに適合しているかを強調した。吉野の論のなかで歴史は重要な要素であった。

歴史は、天皇を無条件に民族・共同体・国家の宗とするための根拠ともなったのではないだろうか。吉野によれば、歴史的には天皇親政はごくまれで、しかも近代にあっては国家の扱う領域は膨大で親政は実質不可能であった。そして日本の「閥族」は民衆に信頼されるだけの道徳観を持っておらず、国家の発展のためには民衆の意見を直接に取り入れる必要があると主張する。天皇大権を定めた憲法と矛盾しない「君民一体」の思想であるこのような天皇制は、吉野の主張する民本主義にとって重要な構成要素であった。吉野は、憲法で定められているように主権は天皇にあるが、実質的威力は民衆にあると述べる。それは、憲法の枠を一定程度承認しつつも、現実的解釈からアプローチすることで、主権は国家威力に拘束され、国家威力の「顕表」機関としての役割を担うという、まさに民衆を政治上の主権者にする実質的な国民主権の志向であった。こうした民衆と天皇との関係が、吉野にとって「微妙なる情誼的関係」「無政府的境地」＝民衆と天皇の道徳的関係であったと言える。そして吉野は、民衆に選ばれた少数の賢者による議会政治によって天皇大権を抑制する構想を打ち出した。

大権の制限された天皇は「民族の宗」としての役割を担い、その天皇を中心に民衆が精神的に団結する国家を吉野は想定していた。むしろ天皇の権限が制限されることによって天皇に政治的な責任を負わせることはできなくなり、より精神的な中心となることができると考えていたのではないか。吉野は歴史的に形成された民衆と天皇との道徳的関係を根拠にして、道徳的共同体の長としての天皇像を志向した。それは、現下の体制とは異なる天皇制・天皇像を形成しようとする試みとも言える。強制的・画一的ではない、「無政府的境地」「微妙なる情誼的関係」である民衆と天皇の関係においては、互いの状態の尊重がされるとともに、急進的改革や革命の抑制につながる。それは、第一次世界大戦後に動揺していた君主制や国家を再び立て直し、新たな共同体秩序を構築しようとする企図のなかで生み出されたものだったのではないだろうか。

管見の限りでは、吉野はその構想を「象徴」という言葉では説明していない。本章でこれまで見てきたように、吉野が天皇制を「象徴」化＝全くのシンボルにしようとしていたとは思われない。吉野の構想では、天皇は共同体の長として位置づけられ、民衆による国家威力を最高規範化する権威を有していた。それは吉野の言葉を借りれば、天皇を「顕表」化する試みであった。「顕表」とは、天皇は民衆の意思＝国家威力を尊重して拘束され、それを国家意思として最高規範化するような権威を有する存在・機関になる構想であり、天皇を道徳的倫理共同体の中心に据えようともする構想であった。「元首」としての位置づけは有すると言えるだろうか。このように天皇制を構想することによって、それまで明治憲法体制下において統治権の総攬者であった天皇から民衆へと権力を移行させ、実質的な国民主権を実現しようとしたのである。

このように天皇制を再定義する試みは吉野だけに限ったものではない。天皇機関説を唱えた美濃部達吉も民衆と天皇との関係を倫理的共同体秩序と捉え、国家の安定を図っていく。また、吉野の歴史を根幹とした天皇制構想は、本文中でも言及したように津田左右吉や和辻哲郎らによる議論を参考としており、歴史や「国体」によって「デモクラシー」を導入させ、その源泉としていく試みが行われていた[72]。第一世界大戦後における君主制の危機の時代にあって、天皇制は新たに作り直される要素を孕んでいた。次章では、同時期に「国体」論自体が「デモクラシー」によって変容していく過程を検討していきたい。

【注】

(1) 松本三之介『近代日本の政治と人間』(創文社、一九六六年)、岡義武「解説」(同編『吉野作造評論集』岩波文庫、一九七五年)、松尾尊兊「解説」(同編『近代日本思想体系17・吉野作造集』筑摩書房、一九七六年)、同『大正デモクラシーの群像』(岩波同時代ライブラリー、一九九〇年)、同『大正時代の先行者たち』(岩波同時代ライブラリー、一九九三年)、三谷太一郎『新版・大正デモクラシー論——吉野作造の時代』(東京大学出版会、一九九五年)、坂野潤治「〈解説〉天皇制と共産主義に抗して」(『吉野作造選集』第三巻、岩波書店、一九九五年、以下『吉野作造選集』は巻数のみを①②と示す)、武田清子『戦後デモクラシーの源流』(岩波書店、一九九五年)、太田雅夫『増補　大正デモクラシー研究』(新泉社、一九九〇年)など。

松本は『吉野作造』(東京大学出版会、二〇〇八年)のなかで、吉野は主権者である天皇の無答責(天皇主権)とそれへの「輔翼」を前提に、その「輔翼」をどのような形で行うのが適切かという文脈において構想された「輔翼」型デモクラシー」だと位置づけており、従来の説を展開している(三五〇~三五一頁)。なお、こうした吉野の構想は、同時代においても批判されていた。

(2) 岩本典隆「若き吉野作造のナショナリズム」(『政経論叢(明治大学)』第六八巻第二・三号、一九九九年)、川口暁弘「吉野作造の民本主義における普通選挙論の真意義について」（『研究年報（学習院大学文学部）』第四九輯、二〇〇〇年）、小関素明「代議制論としての民本主義の政治システム構想」（『立命館大学人文科学研究所紀要』第七五号、二〇〇〇年）、小山俊樹「吉野作造の二大政党論」（関静雄編『「大正」再考』ミネルヴァ書房、二〇〇七年）。

芹沢一也『〈法〉から解放される権力』（新曜社、二〇〇一年）は、従来の研究を踏襲して吉野が法律論と政治論を分離しようとしていたと見る。苅部直は吉野のデモクラシー論は「解釈改憲の立場」からなされたものと論じ、リベラリズムとしての意味を持つものだと高く評価する（「〈解説〉『憲政の本義』の百年」『憲政の本義　吉野作造デモクラシー論集』中公文庫、二〇一六年、二九五～三〇二頁）。苅部の評価は、近年の吉野作造に関する研究が示すように、吉野が戦略的な構想を有していたことを示している。

（3）岩本前掲「若き吉野作造のナショナリズム」二三八・二九〇・二九五頁、川口前掲「吉野作造の民本主義における普通選挙論の真意義について」五八頁。

（4）吉野作造「憲政の本義を説いて其有終の美を済すの途を論ず」（『中央公論』一九一六年一月号、③、以下吉野論文については著者名を言及せず）。

（5）佐々木隆爾「世界史のなかの天皇制」（浜林正夫・土井正興・佐々木隆爾編『世界の君主制』大月書店、一九九〇年）、鈴木正幸『皇室制度』（岩波新書、一九九三年）、坂本一登「新しい皇室像を求めて」（『年報近代日本研究』20、山川出版社、一九九八年）など。

（6）平野敬和「帝国改造の政治思想――世界戦争期の吉野作造」（『待兼山論叢』日本学第三四号、二〇〇〇年）は、第一次世界大戦後の吉野について、「帝国」支配原理の再編成の思想として見ることを主張しており、本章も吉野の構想が新たな共同体秩序を形成しようとしたものとの立場を採る。

（7）「東宮殿下御教導の任に膺れる人々に対する希望」（『中央公論』第三一年第一三号、一九一六年、八五頁）。

（8）「独逸強勢の原因を説いて我国の識者に訴ふ」（『新人』第一六巻第一二号、一九一五年、⑤、一三三頁）。

(9)「国際競争裡に於ける最後の勝利」(『新人』第一五巻第一二号、一九一四年、⑤、八七頁)。
(10)「戦後に於ける欧州の新形勢」(『新人』第一六巻第四号、一九一五年、⑤、九五頁)。
(11)「精神界の大正維新」(『中央公論』第三一年第一号、一九一六年、①、一〇七頁)。
(12)前掲「国際競争裡に於ける最後の勝利」八四頁。とはいえ、吉野もすでにその前からドイツ皇帝については若干の留保を付けていた。一九一五年度に行われた東京帝国大学法学部において行われた講義で、吉野は現代ヨーロッパとは異なる近代政治(旧体制)について説明している。このなかで、旧体制は「外国と戦ふという国家の大事も、君主の個人的欲望又は野心 ambition を満足するためになさるることあり」として、君主個人の意思や資質によって国家の政策が規定されることを述べている。その後現代になると、「デモクラシー」が定着してこうした事態はなくなった。しかし、ドイツやオーストリアは現在でも例外であると吉野は述べる。君主は「国内の民心に統一的中心なし。ために君主貴族の意志を以て高圧的に下に臨む必要あり」という(吉野作造講義録研究会編『吉野作造政治史講義』岩波書店、二〇一六年、一八八～一九〇頁、「一九一五年度講義録赤松克麿ノート」)。ここからは、第一次世界大戦中にあって、吉野がドイツ王室が現代ヨーロッパ的ではなく(つまりは「デモクラシー」を組み込んでおらず)、前時代的な態度で民衆に接していると考えていたことがわかる。こうした意識を有していたからこそ、ドイツ革命後にドイツ王室に対して厳しい評価をしたのではないだろうか。
(13)「独逸の将来を判ずべき二つの観点」(『中央公論』第三五年第六号、一九二〇年、⑥、一〇一頁)。
(14)田澤晴子『吉野作造』(ミネルヴァ書房、二〇〇六年、一〇八～一一〇頁)。
(15)前掲「独逸の将来を判ずべき二つの観点」一〇一頁。
(16)「国民思想統一論者に与ふ」(『中央公論』第三三年第一三号、一九一八年、③、二五四頁)。
(17)「欧州大戦と平民政治」(『横浜貿易新報』一九一七年四月一二日、⑤、一九一頁)。
(18)「露国革命の真相と新政府の将来」(『新人』第一八巻第五号、一九一七年、⑤、二〇三頁)。
(19)前掲「東宮殿下御教導の任に膺れる人々に対する希望」八六頁。

(20) 以下、「蘇峰先生著『時務一家言』を読む」(『新人』一九一四年七月号、③、八五頁)。
(21) 「袁氏と帝位」(『中央公論』第三〇年第一一号、一九一五年、一四頁)、「支那の帝制は実現の見込ありや」(『中央公論』第三〇年第一一号、一九一五年、六六頁)。吉野と中国の関係性については、三谷太一郎『新版　大正デモクラシー論』(東京大学出版会、一九九五年、一五四〜一六二頁)、尾崎護『吉野作造と中国』(中公叢書、二〇〇八年、六〇〜八三頁)などを参照のこと。
(22) 「支那政局の大勢を論じて所謂帝政論を排す」(『中央公論』第三二年第九号、一九一七年、⑧、二七八頁)。
(23) 「支那帝制実現の結果如何」(『中央公論』第三〇年第一一号、一九一五年、六九頁)。「支那帝政問題の批判」(『新人』第一六巻第一〇号、一九一五年、一八頁)では、「支那に一大英雄の現はれて帝号を称し百政の改革を断行する事恰もナポレオンの如きもの、現出を希望してやまない」と、具体的にナポレオンのような独裁的な皇帝こそが中国には必要だと主張した。
(24) 前掲「支那帝制実現の結果如何」七〇頁。
(25) 「支那帝政問題に対する我国の態度」(『中央公論』第三〇年第一二号、一九一五年、⑧、一九一頁)。
(26) 前掲「支那政局の大勢を論じて所謂帝政論を排す」二七九頁。
(27) 前掲「袁氏と帝位」一六頁。「支那帝政問題の前途如何」(『中央公論』第三一年第二号、一九一六年、六〜七頁)のなかでも「旧清朝の如きも同じく帝政と称しながら我邦の万世一系の帝室とは自ら其根帯を異にするもの」と述べる。
(28) 前掲「支那政局の大勢を論じて所謂帝政論を排す」二八三頁。
(29) 「我国の東方経営に関する三大問題」(『東方時論』第三巻第一号、一九一八年、⑧、三〇九頁)。
(30) 「世界の大主潮と其順応策及び対応策」(『中央公論』第三四年第一号、一九一九年、⑥、一九〜二〇頁)。
(31) 「民衆的示威運動を論ず」(『中央公論』第二九年第四号、一九一四年、③、三二頁)、芹沢前掲『〈法〉から解放される権力』二〇六頁。

(32)「民本主義・社会主義・過激主義」(『中央公論』第三四年第六号、一九一九年、②、一五三頁)、平野前掲「帝国改造の政治思想」一九頁。
(33)「クロポトキンの思想の研究」(『東京朝日新聞』一九二〇年一月一八日、①、二五一頁)。
(34) 前掲「東宮殿下御教導の任に膺れる人々に対する希望」八五頁。
(35) 前掲「世界の大主潮と其順応策及び対応策」一九頁。
(36) 以下、前掲「憲政の本義を説いて其有終の美を済すの途を論ず」二五~三〇頁。
(37)「国家魂とは何ぞや」(『新人』一九〇五年二月号、①、七八頁)、岩本前掲「若き吉野作造のナショナリズム」二七五~二八一頁。
(38)「「国家威力」と「主権」との観念に就て」(『国家学会雑誌』第六巻第四号、一九〇五年、①、九二頁)。
(39) 前掲「国家魂とは何ぞや」八〇頁。
(40) 前掲「「国家威力」と「主権」との観念に就て」九四~九五頁。
(41)「民本主義と国体問題」(『大学評論』第一巻第一〇号、一九一七年、四九頁)。
(42) 田澤前掲『吉野作造』九四~一一七頁。
(43) 前掲「民衆的示威運動を論ず」一二三頁。昆野伸幸は、吉野作造は「現代人が合理的に納得できる、より時宜に適した国体論が必要だという認識に基づいて、従来の国体論における神話的=非科学的な要素を批判」したと評価する(昆野伸幸「近代日本の国体論」『近代』第一〇六号、二〇一二年、三五頁)。吉野は自らの民本主義構想が決して「国体」に反してはいないことを示しつつ、それを「国体」から根拠づけることで、「国体」の内容自体の変容をも迫ったと言えるだろう。
(44)「哲人政治か平民政治か」(『横浜貿易新報』一九一六年四月六日)。
(45) 前掲「民本主義と国体問題」四九~五〇頁。
(46)「国家と教会」(『新人』第二〇巻第九号、一九一九年、①、一八五頁)。

（47）前掲「国民思想統一論者に与ふ」二五六～二五七頁。
（48）前掲「精神界の大正維新」一一〇～一一一頁。
（49）前掲「国家と教会」一八五～一八六頁。
（50）平野前掲「帝国改造の政治思想」二三～二四頁。
（51）前掲「民本主義と国体問題」五一頁。
（52）「奉祝立太子式」（『中央公論』第三一年第一二号、一九一六年、巻頭言）。
（53）前掲「民本主義と国体問題」五二～五三頁。
（54）「憲政問答」（『横浜貿易新報』一九一六年三月一日）。ここで鈴木正幸の指摘が重要となる。鈴木によれば同時期に「国体」が強調された背景には、個人から自立した「社会」を形成しようとする意図が存在していたからであった。「国体」によって民本主義は保証され、民衆の政治参加の促進と共同性の確保がなされていく。しかもその「国体」が歴史に基づくことが強調されたために、「国民」としての普遍的な振る舞いとして「国体」が民衆に内面化される（鈴木前掲『皇室制度』）。吉野の主張もこの系譜のなかで位置づけることができるだろう。
（55）前掲「民本主義と国体問題」五三頁。吉野は前掲「東宮殿下御教導の任に膺れる人々に対する希望」八六頁のなかでも、「忠君の念といふが如き心理作用は、如何しても其淵源の説明を君臣間の人格的関係に求めなければ解らない。即ち歴代の国君が真に臣民の尊崇愛敬を博して余りあるの御方であつた、即ち代々名君賢主相継いだといふ事が、実に我国臣民をして忠君の念を深からしめた根本の理由であらう」と、歴史を強調する。歴史的に継続されてきた民衆と天皇との関係性（「人格」的関係）は近代においても通用し、むしろそれを根本としなければならないと主張したのである。こうした思考は、吉野だけではなくその後も継続していく。詳しくは後述する。
（56）「皇室の御繁栄は即ち国家の繁栄にして、現今隆々たる我国勢と相待ち帝国の前途に向ひ更に一道の光輝を発つものに非ずや」（前掲「奉祝立太子式」巻頭言）。

(57)前掲「憲政の本義を説いて其有終の美を済すの途を論ず」三九頁。
(58)前掲「憲政問答」一九一六年三月一日、米谷匡史「津田左右吉・和辻哲郎の天皇論」(網野善彦他編『天皇と王権を考える』1、岩波書店、二〇〇二年)。
(59)前掲「憲政の本義を説いて其有終の美を済すの途を論ず」三八頁。
(60)前掲「民本主義と国体問題」五四頁。
(61)前掲「民本主義と国体問題」五七頁。
(62)松浦寿輝が指摘するように、「国体」はその内容が空虚であり無であるがゆえに、民本主義をも自在に組み込むことができたのである(松浦寿輝「国体論」小林康夫・松浦寿輝編『表象のディスクール⑤ メディア 表象のポリティクス』東京大学出版会、二〇〇〇年)。茫漠な箱としての「国体」はそれぞれの解釈によって自由にその内容を措定することができ、だからこそ天皇制と民本主義も難なく接合することができた。
(63)「宝祚万歳」(『中央公論』一九一五年一一月号、巻頭言)。
(64)「御大典に際して国民の精神的覚醒を促す」(『新人』第一六巻第一一号、一九一五年、一一頁)。「皇室を政争の渦中に引き入るゝを誡む」(『新人』第一五巻第四号、一九一四年、六頁)でも、「今日幸に上に英明の陛下を戴いて居る」と大正天皇の「人格」を英明と評価する。
(65)前掲「御大典に際して国民の精神的覚醒を促す」一一〜一六頁。
(66)前掲「宝祚万歳」巻頭言。
(67)前掲「奉祝立太子式」巻頭言。
(68)前掲「東宮殿下御教導の任に膺れる人々に対する希望」八四〜八六頁。
(69)裕仁皇太子外遊に関しては、鈴木正幸『近代天皇制の支配秩序』(校倉書房、一九八六年)、波多野勝『裕仁皇太子ヨーロッパ外遊記』(草思社、一九九八年)、坂本前掲「新しい皇室像を求めて」などを参照。
(70)以下、「東宮殿下の御外遊を祝す」(『中央公論』第三六年第三号、一九二一年、巻頭言)。

（71）以下、「東宮殿下を迎ふ」（『中央公論』第三六年第一〇号、一九二一年、巻頭言）。
（72）美濃部・津田・和辻の天皇制構想に関しては、苅部直『光の領国　和辻哲郎』（創文社、一九九五年、後に岩波現代文庫、二〇一〇年）、米谷前掲「津田左右吉・和辻哲郎の天皇論」、同「象徴天皇制の思想史的考察」（『情況第二期』第一巻六号、一九九〇年）、小関素明「津田左右吉における天皇」（『立命館文学』第四九六・四九七・四九八号、一九八六年）、同「支配イデオロギーとしての立憲主義思想の思惟構造とその帰結」（『日本史研究』第三二二号、一九八九年）、川口暁弘「憲法学と国体論」（『史学雑誌』第一〇八編第七号、一九九九年）、芹沢前掲『〈法〉から解放される権力』などを参照。

第2章 「デモクラシー」と「国体」——永田秀次郎の思想と行動

はじめに

前章で述べたように、第一次世界大戦後における世界的な君主制の危機は天皇制に再編成を迫った。「デモクラシー」に対応した天皇制を構築する必要性が生じたのである。先行研究が明らかにしたように、大正期には「民主的」な皇室像が積極的にアピールされ、報道された。[1] このなかで語られる「国体」は「デモクラシー」と調和し、むしろ「デモクラシー」を担保する概念として立ち現れてくる。それは、前章で吉野作造が盛んに民本主義を唱えつつそれが「国体」と適合的であることを表明していた事実からも理解できるだろう。しかし「国体」自体も世界の潮流に合わせて再定義がなされようとしていた。[2]「デモクラシー」や社会政策に矛盾しない「国体」論の構築である。それは、動揺した「国体」を時代状況に応じて再編成し、より説得的な支配イデオロギーとして新たに形成しようとする試みであったと言える。(3) こうした「国体」論は明治期のそれ(4)とは全く異質なものであった。本章ではこうした「国体」論を素描し、「デモクラシー」と「国体」が第一次世界大戦後、どのような関係性にあると思考され、天皇制に影響していったのか、そこで構築された「国体」論がその後いかに転回するのかを解明する。本章の検討によって、近代における「デモクラシー」と「国体」との関係や両者が関連づけられていく過程の模索が、近現代天皇制のなかで持った意味を解明する手がかりとしたい。

本章ではこうした問題を考える上で、一人の人物に注目する。内務省警保局長・東京市助役・市長、拓務大臣・鉄道大臣などを歴任した永田秀次郎《ながたひでじろう》（一八七六～一九四三）という官僚・行政官である。永田についてはこれまで、神島二郎が日本型保守主義者の代表格として、鈴木正幸・横山孝博が「デモクラシー」に対応した「国体」論者の代表格として、原武史が「国体」の視覚化を進めた人物として評価してきた。(5) また、尾川昌法・昆野伸幸・古川隆久は、一九二六年二月一一日に初めて開催された建国祭における永田の役割について言及している。(6)

しかしいずれの研究でも、なぜ永田がそのような思考を有し、行動したのかについては必ずしも明らかとなっていない。永田は多数の著作を書き、講演活動を行い、マスメディアに登場して「国体」と「デモクラシー」の関係についての自説を展開していった。彼はなぜそのような行動をとったのか。また、なぜ永田がそのような大々的な活動を展開できたのか。内務省警保局が一九一八年に内外の「デモクラシー」思想をまとめた『我国に於けるデモクラシーの思潮』には、吉野作造・

美濃部達吉の間に永田秀次郎の「デモクラシー」論が紹介されている。[7] 永田が前警保局長だったことを差し引いて考える必要はあるだろうが、永田の論が大正期を代表するデモクラットと並んで注目されていたことを示す例と言ってよいのではないだろうか。なぜ彼はこのように注目を浴びる存在だったのだろうか。そして彼の論の特徴はどこにあるのだろうか。

また近年の研究では、宮中関係者や新聞記者による講演活動の実態が明らかになっている。[8] こうした活動によって、大正期には「平民」的で「ありのまま」の皇太子像が伝播し、民衆に新しい皇室像をイメージさせた。彼らは民衆への教化を目的に積極的な活動を展開していった。永田の活動にもこのような意図があったのだろうか。永田の思想と行動を検討することは、永田の個人史にとどまることなく、当該期の「国体」論、天皇制を再定義する動向、そして新しい「国体」論とマスメディアとの関係性を把握することにつながると考える。本章での検討によって、体制側から天皇制をどのように再編しようとしていたかが明らかとなるだろう。そこで本章では、永田の著作や行動を通じて、第一次世界大戦後の世界的な君主制の危機のなかで生まれた新たな「国体」論が持った意味、そしてそれが「デモクラシー」との関

永田秀次郎（国立国会図書館ウェブサイト）

係をどのように構築していったのか、そして戦争が近づくにつれてどのように転回していくのかを解明していきたい。

第一節　永田における「国体」論の萌芽

「国体」の独自性

永田の「国体」観に大きな影響を与えた最初の出来事は、一九一三年の大正天皇の「御大典」であった。この時永田は京都府警察部長として、「御大典」の警備責任者を務めた。永田は、「御大典」が滞りなく終了した要因を「日本国民性の発揮」に見た[9]。そしてここで永田は、それまでの儀式では軍人や学生団体が特権的に天皇の奉迎場所を占拠していたことを批判し、一般の民衆にその空間を開放する方策を採った。その結果、多くの奉迎者を集めることに成功する。永田はここで、民衆と天皇とが直接に結びつくことで「国民」としての一体感が民衆のなかに生まれ、ある種の秩序が形成される過程を経験したのである。それは、永田が日本人の「国民性」を発見した瞬間であり、この経験こそ後の永田の論に大きな影響を与えることとなる。

その後の永田は三重県知事を経て、一九一六年一〇月に寺内正毅内閣の後藤新平内務大臣により内務省警保局長に抜擢され、これ以後は後藤の右腕としてマスメディアにも取り上げられていくことになる[10]。永田は翌年一〇月、警察部長招待会の席上で「民本主義に対する理解」と題する講演を行い、その速記が『講話要旨』として出版された[11]。これが確認できる永田の初めての「デモクラシー」と「国体」に関する意見であり、初めての著作である。永田はこのなかで、警察組織のトップである警保局長らしく、ロシア革命・中国革命やその後の治安に対する危機感を鮮明にしている。革命が君主主義に対する「デモクラシー」の勝利であるとの論に対し、イギリス王室を例に出して、君主制と「デモクラシー」が対立しないことを強調した。イギリス国民は国民の表象として王室を賛美し、国家国民のアイデンティティーとなっている。つまりイギリス国民は君主によって「英人たるを忘れない」というのである。それは、君主制によってその「国体」が保たれているとの主張であった。

しかし、日本はこれとはまた別の「国民性」があると永田は言い切る。日本人の「尊皇愛国」「君民一体の思想」は歴史的に育まれてきた「国体の精華」であり、「精神的事実」であると論じ、イギリスなどの他の君主国と日本との違いを次のように強調した。

我々は到底英人の如くに皇室を人民の表象とし又は軍旗と軍隊との関係の如くに説明するを以て満足する事が出来ぬ、何となれば表象と云ひ軍旗と云ふは既に或る別物を独立して想像せしむるの嫌がある、我々の信仰は国民は円周の如く皇室は其中心点の如しと信ずるのである、君は民を以て本とすと云ふは中心は円周ありて後なりと観るが如きものである併《(ママ)》し乍ら円周と中心との関係は決して本末を論じ軽重を分つべき観念では無い、則はち分離し又は対象して考ふべからざる観念である永田にとって天皇は、民衆や日本という国家の単なる「表象」ではなかった。円周（民衆）の存在するところには必ず中心（天皇）が存在する。円周がなければ中心はない。イギリス型の表象はそれぞれが別の存在であるゆえに、一方が表象となることができる。しかし日本の民衆と天皇の関係は一体不可分の関係であるから、一方が他方の表象とは成り得ないのであり、こうした関係こそが日本の「国体」であると永田は強調した。イギリス流の君主制が目指されていた当時にあって、それよりも天皇制は優越性を有すると強調するところに永田の論の特徴があった。[12]

永田はこの講演会の同じ席上で、「同盟罷業に対する理解」についても意見を展開し、労使関係を団体的・慈恵的なものに変化させ、温情主義を採るよう主張した。ここからは、社会政策への理解が見られる。永田は革命の波及や階級闘争的状況に対して危機感を抱き、国家の一体性・秩序形成を志向して社会政策の充実を掲げた。前述した永田の円周の論理からすれば、円周である民衆はすべて中心である天皇から等距離であるので平等となる。そこには階級差などない。民衆と天皇が分離せず、一体的であるかのように主張する背景には、こうした意図が存在していたのである。

講演は再び「デモクラシー」の問題に戻り、永田は「デモクラシー」を最も発達させているのは君主制であるイギリスだと強調して、日本においても「民意を調達をせしむる政治」「万機公論に決する政治」としてそれが生育すると言う。永田によればこうした「デモクラシー」の要素は日本建国以来の政治方針であり、五箇条の御誓文でも示されたものであった。[13]「デモクラシー」は天皇制下においてこそ発達するものであり、それを日本の「国体」に適合させた上で移入すべきだとの主張を展開したのである。

この時点での永田の「国体」論はまだ大部なものであるが、比喩を多用して論を展開しようとしている点、また例として示された円周の論理はこれ以後も積極的に使用している点から考えると、彼自身の「国体」論はこの時生まれつつあったと言ってよいだろう。

その後も永田は「デモクラシー」と「国体」に関係する自らの意見を積極的に発表していく。彼は第一次世界大戦やロシア革命などを受けて、それらが「君主主義に対する民本主義の戦争なり」「デモクラシーの勝利は世界の大勢なり」と述べられる状況は、「決して特殊の国体を有する我帝国の精華に殃する者にあらざる事は我国民の鞏固なる確信である」と言い切った(14)。この情勢を利用し、「我国民の自覚と尊皇心とを明確」にしようと永田は考えたのである。ここで彼は、「デモクラシー」が最も発達している国はアメリカではなくイギリスだと述べて、イギリスを例に出して話を展開していく。イギリスで発達している思想は「民主思想であつて決して共和思想では無い」と永田は主張し、イギリス人は国王を「国民の表象として賛美する」のであり、それは「取も直さず国民自らを讃美する」ことでもあるという。つまり、現在の世界の大勢である「デモクラシー」を日本に取り入れようとする論者も、王（天皇）を讃美することはむしろその「デモクラシー」の最先端にあたるイギリスで行われているのであるから、そうすべきと主張したのである。これは、「国体」をこのまま維持するための永田なりの方便であった。海外の思想を取り入れることを主張する人々に、イギリスを例に出して海外ではむしろ王政の下で「デモクラシー」が発達していると喝破したのである。

永田はそして、日本においては歴史上、「尊皇愛国の精神」「君民一体の思想」が発達しており、それは政治の実際から見れば「民を本としたる君主主義」だと主張する。彼によれば日本では人々の権利や自由は「君民間の父子の情誼によりて、相互の理解の上に保護され享有されて居る」。明治天皇が五箇条の御誓文で「万機公論に決する政治」を宣言したことで、人々の「デモクラシー」に関する権利をも保障された、永田の主張はこれであった。「国体」をこのまま維持しながら、「デモクラシー」を適切に運用していくことは可能だと述べることで、永田は「デモクラシー」と「国体」の融合を図ったと言える。

このように永田は、第一次世界大戦後の君主制の危機と「デモクラシー」の流入という状況を踏まえ、その状況に応じた「国体」を用意していったのである。警保局長として内務治安に携わっていた彼にとって、そうした状況には敏感だったからこそ、「国体」を維持するための方策を積極的に公表したのではないだろうか。

国民としての「覚醒」

永田は一九一八年九月、米騒動で総辞職した寺内内閣とともに警保局長を辞任し、貴族院議員となった。翌年には東洋協会専務理事・拓殖大学幹事（会長・学長は後藤新平）に就任する。警保局長在任中より講演活動を盛んに展開していた永田は、辞任後より積極的に言論活動を展開するようになり、一九一八年にそれまでの講演をまとめた『我思ふ所』を出版した[15]。そのなかでは、民衆に対して「国民」としての「覚醒」を強く求めていた。永田は政党・官僚・言論界に対する不満から話を説き起こし、それらの刷新の必要性を強調した。こうした現状に対する不満を語る永田の姿勢は、「デモクラシー」潮流に対して一定の理解があるのだということを内外に示したものだと言えるだろう[16]。現状を刷新する「国民」としての自覚を有することで、日本の国家としての統一性と秩序保持を図ることができると永田は考えた。永田は依然、ロシア革命からの波及に対する危機感を持ってはいたが、「デモクラシー」を日本型に移入することでこうした「危険思想」を排除できると考えていたと思われる。

永田は「デモクラシー」や共産主義などの新思想への対応の仕方として次の四つの方法を提案している。第一に、新思想の存在を認識し理解すること。その研究の必要性を強調したのである。第二に、新思想を排除するのではなく消化するよう努力すること。「デモクラシー」は「国体」に適合的だと強調する永田は、まさに「デモクラシー」を消化しようとしていたのである。これは、やみくもにそれを否定するのではなく、受容することも必要であるとの姿勢を表していた。そうした措置によって、「デモクラシー」が「国体」を動揺させるのではなく、むしろ強固にする思想に転化すると永田は見たのである。第三に、消化できない思想は発生原因を排除すること。共産主義思想をただ排除するのではなく、それが受容される原因を突き止め、それに対処すべきと永田は思考していた。具体的には、社会政策を実施して階級対立を止揚することを永田は提案している。第四に、思想を緩流させること。急激な思想弾圧は逆に大きな反発を招くため、緩やかに対策を採るべきとの提言であった。このように永田は、新思想に対して寛容な姿勢を取りつつも、同時にその研究と取り締まりの必要性を強調していた。「デモクラシー」には受容しながら、共産主義思想には対策を講じる。それこそが永田の言う「刷新」であった。

同書には「民本主義と我皇室」と題する論文も収録されている。日本が特別な「国体」であり、君民の精神的結合が「国体の精華」であると強調する点は、前述した『講話要旨』と同様の論理展開である。そして「デモクラシー」の消化は「建国以来我邦政治の大精神」であると述べ、「デモクラシー」を日本固有の思想として転化させようとした。

翌年に出版された『浪人となりて』で永田は、「デモクラシー」はすでに消化しつつあると述べている。[17]「デモクラシー」は「時代思潮」であり「時代的精神」であると言い、「デモクラシー」において課せられる義務として、自治的精神（個人の「人格」、自己責任の増大）、共同責任の観念、他人の意思の尊重などを挙げている。永田は社会共同体の秩序を保持しつつ、それを守るための「自覚」を民衆に要求していた。その具体的政策として、社会政策の実施、選挙権の拡大、政党の革新を提言しており、こうした永田の考え方は社会基本権を承認して階級秩序を緩和することで国家の再編を図ろうとした当時の内務官僚と軌を一にしていた。[18] 官僚を辞職して貴族院議員となった永田であったが、その考え方の根底には、元警察官僚としての意識があったのではないだろうか。そのため、「デモクラシー」と治安・秩序の融合を図ろうとする構想を持っていたのである。

むしろ永田は次第に、「デモクラシー」よりも「過激思想」を問題視するようになる。永田によれば、この時期すでに「デモクラシー」は「最早政治的デハ我国ニ於イテ免疫サレテ居ル[19]」。日本の実情に合わせて適合するように解釈されていると論じるのである。その上で、自治的精神の必要性、「人格」を認証することなどの必要性を永田は強調しており、そうした主張は先ほど述べたとおりである。永田は「デモクラシー」についてはすでに時代状況に応じて日本では定着しており、そこにはある程度の課題はあるものの、「国体」に適合できると考えていた。しかし彼にとって問題は、「過激思想」であった。こうした思想はロシア革命に端を発し、共産主義・「労働者ノ絶対的支配権」・「資本家階級ヲ撲滅スル」ことを主張している[20]。永田はこれが日本において広がることを警戒し、経済的にも政治的にも温情主義を採用することを提案し、それを防止しようとした。温情主義とは、経済的には労使協調や社会政策を意味する。労働者と資本が互いに利益を分配しながら歩むことによって両者の対立関係を緩和すること、社会政策を実施することによって貧しい人々を救うこと、こうした方策を採れば「過激思想」の浸透は防げると永田は主張した。これは、まさに内務省の進める政策と一致した考え方であった。また温情主義の政治的な部分は、議会政治すなわち「デモクラシー」であった。民衆の意思を反映した議会によって政治が行われることでやはり対立が緩和される。そして永田は、こうした温情主義と天皇との関係を次のように説明する。

　昔ノ名君ガ「君ハ民ヲ以テ本トス、民ノ富ハ朕ノ富ナリ」ト云フ風ニ言フタト云フノハ、是ハ政治的ノ温情主義デ、温情主義ガ徹底スレバサウ云フ風ニナル。ソレト同様ニ人民ノ方カラモ、亦君ノ富ムノヲ見テ、君ノ富ハ民ノ富ナリト云フ、斯ウ云フ風ニ見ルコトニ於テ、初メテ是ハ本当ノ温情主義ガ上下ニ徹底スルノデ、相互ノ温情主義ト云フコトガ、経済上ニモ成立シ得ルト思フ

永田は仁徳天皇の言葉を引用しながら、民衆と天皇との関係性を相互的なものと捉え、互いに温情を持ってきた歴史を強調した。それによって、民衆からも「過激思想」を持ち出して「国体」を破壊するような動きが出てくることを抑えたのである。そして永田は「立憲種主義的温情主義」を主張し、政治的にも民衆と天皇とが相互のことを思い合う歴史過程を述べ、「過激思想」の浸透を防止しようとしたのである。彼の考える「デモクラシー」は、こうした関係性に適合的なものとして捉えられた。

以上のように永田は、「デモクラシー」を受容した上での「国体」論を構築しつつあった。世界の潮流である「デモクラシー」がむしろ「国体」に適合的であることを強調し、その根拠を歴史に求めた。こうした「国体」論はロシア革命・共産主義思想への危機感から生まれたものであった。その原因である階級対立を防止するため、社会政策の実施・国民としての「覚醒」を促し、共同体・国家の一体性を図ろうとしていた。ここには、治安を維持する警保局長（内務官僚）としての永田の経験が息づいていたのではないだろうか。そしてその構想を、積極的にアピールする役目を担っていくことになる。

第二節　「国体」論の具体化

『平易なる皇室論』

一九二〇年一二月、後藤新平が東京市長に就任すると、永田は後藤の右腕の大物助役として迎え入れられ、注目されるようになる。後藤は一九二一年九月、東京市の小学校教員の資質向上を目指して教員講習所を開設し、その所長には永田が就任した。永田はそこで、「皇室論」について講義をしている。(21)講義内容は明らかではないが、彼が皇室論プロパーとして認識され、自身もそのように行動していたことを窺うことができるだろう。

そしてこの助役在任中に書かれたのが、これまでの研究でも注目されてきた『平易なる皇室論』である。これは、『東京日日新聞』での連載をまとめて一九二一年に出版されたもので、裕仁皇太子訪欧の時期とも重なって、大きな反響を呼ぶベストセラーとなった。

この書のなかで永田はまず、世界的な君主制の危機という事態に対してその対策の必要性を強調した。ではどのような対策を採るべきなのか。「今回の大戦の結果はデモクラシーや、ボルセヴィズムの思想は各国に対して否でも応でも何等かの影響を及ぼすべきは止むを得ぬ」と述べるように、こうした思想の影響を認め、調和した上で「国体」を擁護すべきだと永田は述べる。(22)このような方向性は彼のこれまでの立場と同様である。

興味深いのは、永田が福沢諭吉を高く評価している点である。永田は「近時福沢翁の帝王論《(ママ)》や尊王論を見て故人も亦此言あるかと感じたのである」と記し、また福沢の『政論』の議論を紹介しつつ、彼が君主制を共和制と同様に評価している点を強調する。[23]単純な法理論や道徳という観点にとどまらず、社会における君主制の効用という点を意識し、そうした有用性から天皇制を議論する福沢の方向性を認証していたと言えるだろう。おそらくは思想家として高く評価されていた福沢の君主論を援用することで、永田は自らの論の正当性を担保しようとしたものと思われる。しかし福沢に依拠することで政治的な権力という問題からではなく、天皇制の機能・有用性から「国体」論を立論しようとした点は、永田の論の大きな特徴であろう。

その天皇制の機能・有用性について、永田は次の四点を挙げて強調している。[24]第一に、「政治上人心安定の緩和力たる事」。すぐに熱狂し、多数決に慣れていない日本人の「国民性」を指摘し、こうした日本人を安定させるためには、「皇室は常に高く政治圏外に立ち不偏不党一視同仁以て民心を有形無形の上に収攬せられる」ようにすべきであると永田は主張した。権威の源泉としての天皇制の機能に言及し、その権威によって国家の動揺を防ぎ、安定化を図ろうとしたのである。これも福沢の議論がベースとなっているとともに、「デモクラシー」を日本に導入するにあたっていかに国家としての一体感を担保できるかという意識からの提起であった。第二に、「社会実生活の上に在つて其情誼を尽さしむる」こと。国家は法律や規則だけでは必ずしも統一的とはならず、精神的な影響力が必要であるとの認識の下、天皇が慈善事業や感化事業を奨励することで民衆と天皇との関係を密接にする必要性を強調したのである。こうすることで、労働問題などの社会問題が想起された時、調和の作用として天皇制は有用であると永田は説いた。第三に、「国家存在の表象として」あるということ。永田は、第一次世界大戦後の世界ではますます国家や民族といった意識が高まりを見せ、ナショナリズムが高揚すると見ていた。そうした時、ナショナルシンボルとしての天皇は、「護国の精神を涵養する其表象として」必要だと言うのである。第四に、「文化生活」に対する「保護奨励を加へ」ること。教育・文学・美術などへの庇護を行うことで、「精神的の栄誉」を与えようとしていたのである。こうした文化的な天皇制という側面は同時期、原敬首相なども同様の構想を有していたことはよく知られている。[25] 天皇制の社会化・文化化を図ることで権威の源泉としての天皇制へと再編し、国家の一体性を保持しようとする永田の構想は、当時共有された論理であったと言えるだろう。永田が展開した天皇制の機能・有用性を突き詰めていけば、天皇は政治的な実権を有したり行使したりする存在ではなくなる。このように、この時期の「国体」論は民本主義に非常に近い論理構成が採られていたのである。

一方で、主権者が天皇であることは建国以来の「事実」であるとして、「国体」を強調することも忘れていない。[26] 民族の宗家としての天皇制は「国民的精神」であり、朝鮮など植民地の人々もこれに包摂されると永田は主張する。「万世一系」の天皇制は「国民の精神」であり、「君臣結合の美徳の結果」であるから、それは「尊厳」されなければならない。では、先に述べた天皇制の有用性とこうした「国体」をどのように結合しようとしたのか。永田は「現実に人心安定の必要ありて

［天皇を］奉戴する」と述べるように、[27]プラグマティカルに天皇制が必要であることを認めている。天皇は「尊厳」される存在でありつつも、「今日に於ける勤王論は、善く時代の精神を諒解せる後に之を為さねばならぬ」と結論づけることで、[28]「デモクラシー」と「国体」との調和を図り、その思想を含み込んだ上での「国体」を目指していったと言えるだろう。むしろ、「君主政治も民主政治も其極地に至つては一なり」と言うように、[29]君主制危機の時代にあっては、天皇制が「デモクラシー」と同一であることを主張しなければならなかった。

『平易なる皇室論』でなされた議論はその後も積極的に展開された。一九二四年に出版された『日本の堅実性』で永田は、「第一皇室第二我れ」という「一君万民」概念を強調する。[30]「皇室と我との間には何者の介在を認め無い。我は直接に皇室を戴き皇室は直接に我に臨む。その関係はきわめてデモクラチックである」と述べるのは、「デモクラシー」と「国体」とが調和的であり、天皇制によって国家の一体性が図られていることを主張する意図が組み込まれていたと言えるだろう。「我国の政治に於ても其主義はデモクラチックを本義として居た」と、[31]彼のなかでは「デモクラシー」が「国体」を規定していた。

以上のように、一九二〇年代、永田は世界の大勢である「デモクラシー」と日本の「国体」の調和を図り、新しい「国体」論を構築していった。それによって、君主制危機の時代を乗り切ろうとしたのである。こうした永田の論は『平易なる皇室論』として出版され、ベストセラーとなった。それは、この「国体」論が人々にある程度受け入れられていたからこそではないだろうか。

皇太子の存在・皇太子像のアピール

永田は一九二二年、『平易なる皇室論』の改訂版を出版している。前年一一月三日に東京市連合青年団が主催する神宮例祭第一回運動会に裕仁皇太子が出席し、彼を青年団員が警護している姿を見て次のような教訓を得たと永田は言う。

凡そ団体には必ず結合力の必要がある。而して我々日本国民の結合力なるものは唯此尊皇心である。換言すれば尊皇心なるものは実に吾人日本国民の国民的凝集力である……単に皇室を尊崇するが為に尊崇するのでは無い。実に自己の尊厳の為に自己の自尊の為に自己の利益の為に自己の必要の為に尊崇するのである[32]

ここでも「凝集力」＝統一性が強調され、天皇制は現実において自らが必要であるからこそ権威なものであると提起されている。永田がこれを強く意識するようになったのは、裕仁皇太子の存在が大きい。改訂版で加えられた「皇室と国民との接近」という論文では、このことが特に強調されている。永田はここで、これまでの民衆と天皇とには「隔たり」があったことを素直に認めている[33]。しかし皇太子が登場し、彼が訪欧して帰朝した姿を見て、「従来に味はう事のなかつた温か味」を感じたという。「「親愛なる皇室」と云うものを殿下によりて今日はじめて与へらるゝ様な気分がしたのである」。永田にとって、皇太子の英明さや親しみやすさは、民衆と天皇制との接近を意味した。皇太子というシンボライズされた存在が、「デモクラシー」と適合した新たな「国体」を予感させるものであったのである。

一方で、「皇室の平民化」については慎重な態度を見せている。天皇制を単にイギリス化していくのではなく、日本の「国民性」にあったものにすることが必要だという。ここには、前述したイギリス王室と日本の皇室の違いに関する永田の初期からの考えが根底にあったものと思われる。「徐々に我皇室の我国民に接近する所謂平民化なるものを望む」と言うように、永田は漸進的な変化を期待していた。そのために彼は、民衆に「自制と規律」を求め、民衆と天皇制との「相互の諒解」の必要性を強調する。行き過ぎた皇太子への期待感が秩序崩壊までつながることへの心配であった。彼にとっての「皇室の平民化」とは、天皇に尊厳は残した上で親愛を発揮することであり、「国体」の権威を守る姿勢が強くにじみ出ていたと言ってよいだろう。そこには、皇太子に対する民衆の熱狂的な歓迎への期待と懸念の感情が同居していた。

後藤が内相に就任して東京市長を辞任した後、永田は一九二三年五月、市長に昇格する。この年の九月一日に関東大震災が起き、永田は帝都復興事業に従事することとなった。その事業の一環として東京市教育局社会教育課では、帝都復興叢書という冊子を発行している。これは主に講演を速記したものであり、そこには市長の永田のものも含まれていた。一九二三年に発行された『大詔を拝して』では、関東大震災後の詔書や内閣告諭のほか、永田による「帝都の復興」、穂積重遠東京帝国大学教授の「復興の大詔を拝して」が収録されている。[34] 翌一九二四年には皇太子結婚を記念して、『御成婚と精神作興』が発行されている。[35] ここには、永田による「御成婚と帝都復興」、吉田熊次東京帝国大学教授の「賢所大前の儀に拝して」、山本信次郎宮内省御用係・海軍少将の「皇太子殿下の御日常を拝して」、仏教運動家の高島米峰の「偉大なる皇太子」、大島正徳第一高等学校教授の「御成婚と市民の本文」が収録されている。関東大震災という危機において皇室から与えられた「慈恵」が強調されるとともに、そこから復興したことと皇太子の「ご成婚」が結びつけられ、社会のあゆみとともにある皇太子の姿が印象づけられる構成であった。

そして一九二七年には『昭和の新帝を寿き奉る』が発行された[36]。これは、前年一二月に即位した昭和天皇の誕生日にあたる四月二九日の講演を速記したもので、永田前東京市長（市長は一九二四年九月に辞任）の「昭和の新帝を寿き奉る」、前田多門前東京市助役「国際生活に於ける我国体の誇り」が収録され、翌年には『新生の日本』として一般に発売された[37]。こうした講演会では裕仁皇太子（昭和天皇）の日常や人柄のほか、儀式に英明に取り組む姿が話された。このように関東大震災後や皇太子結婚・即位の礼などを契機に東京市主催による講演会が開催され、冊子が作成されて配布されていくことで皇太子像が民衆に伝播していった。東京市がこうした活動を積極的に展開し、出版物を作成していることには、市長である永田の影響力があったものと思われる。

さらにこの時期になると永田は、皇太子に関するエピソードを積極的に語り始めるようになる。一九二一年一一月に永田の故郷である淡路島で皇太子巡啓があり、彼は皇太子を迎え拝謁したことから、後にマスメディアや講演会でこのことにたびたび言及していった。そこで展開される皇太子像は主に次の三つである[38]。第一に、「殿下が極めて御丁寧に如何なる者にも能く御気を付けられて御会釈を賜ふた」とあるように、歓迎する民衆に対して常に配慮を欠かさない皇太子像である。第二に、賢さと親しみやすさが同居する皇太子像である。皇太子が永田の言葉の矛盾をからかいながら指摘したエピソードを披露することで、皇太子の英明さとともにそれだけではない「人間」的な部分をも強調したと言えるだろう。第三に、永田の「失言」をも「聞き流す」寛容な皇太子像である。「非公式の場合にあつては天成の盛徳の流露せらる丶所極めて温情に富ませらる丶事詢に恐懼に余りある所である」と述べるように、聡明でありながら民衆に近い皇太子像をアピールしようとしたと言えるだろう。そうした皇太子がいることで、「我国体の基礎」は「新思想」によっても微動だにしないと永田は主張する[39]。

ではなぜ、永田はこのように皇太子像を積極的にアピールするようになったのだろうか。それは第一に、東京市助役・市長として実際に皇太子と触れ合う機会が増加したためであろう。在任中は皇太子訪欧・関東大震災・皇太子結婚と、大きなイベントや事件が相次いだ。そのために永田が語ることができるエピソードも、それを話したり書いたりする機会も増加したのである。第二に、皇太子がこれまで自らが主張してきた「国体」論の具体的シンボルとして適合的だと捉えたからであろう。「デモクラシー」と共存した「国体」の表象としての皇太子像を提示し、民衆に新たな「国体」を提示しようとしたのである。第三に、皇太子報道が増加することで、マスメディア側でも皇太子のエピソードを語れる人物を欲していたからではないだろうか。永田はマスメディアに積極的に露出して自らの意見を述べたり、皇太子のエピソードや生の言葉を披露している。マスメディアにとって永田は都合のよい人物であったし、永田にとっても自説を展開する媒体として、マスメディアを利用したのであろう。そうした共存関係こそが、永田がこの時期にマスメディアに多く登場した理由だと考えられる。ところがこうした皇太子像のアピールも昭和期に入るとほどんどなされなくなり、永田の論も次第に先鋭化・観念化していく。その点については後述したい。

「国体」の具現化

永田は「国体」をいかに表象させるかという点でも腐心した。関東大震災時に宮城前広場・浜離宮・新宿御苑が罹災者に開放されたことは永田にとって、皇太子の慈悲が与えられ、民衆と天皇制が近づいたことを意味した。そのため震災復興後の都市計画のなかで、宮城前広場を市の公園として民衆に開放しようとの案を永田は作成する[40]。この案は実現しなかったものの、代わりに一九二四年一月に芝離宮・葛飾御料地・上野公園が東京市に下賜された[41]。公園として開放はできなかったが、同年六月には東京市主催の「成婚奉祝会」を宮城前広場で開催するなど、大規模イベントをそこで行うことで民衆と天皇制をつなぐ空間の形成を永田は目指したのである。

永田が「国体」の具現化という点で最も活動したのは、建国祭である。建国祭は、元アナーキストで獄中で右翼に転向した赤尾敏が企画したもので、直接的な意図としては労働者の祭典であるメーデーに対抗するために開催されたイベントであった。一九二六年二月一一日の紀元節に、芝公園・靖国神社・上野公園に集合した人々が行進をし、宮城前広場に集まって式典が行われた[42]。永田は推されて建国祭委員長に就任し、建国祭開催の積極的意義づけをマスメディアや講演会で展開している。彼によれば、「思想界を見ても政治界経済界を見ても不備があり不安がある、国民の精神もねむりかけてゐる」[43]。ここで民衆それぞれが紀元節に建国祭を行うことで建国の精神をもう一度考え直し、国家の安定と発展を図ることが必要であり、そうした「国民的覚醒運動が建国祭である」と永田は主張した[44]。彼は、第一次世界大戦後の世界が物質偏重となっているとの危惧を持ち、精神的運動の重要性を高唱し始めた。具体的に言えば、虎ノ門事件や小作争議の頻発という状況に対する危機感が、こうした意識をより増長させることとなった。社会の秩序が動揺してきたことに対して、元警察官僚出身者なりの危機感が永田にあり、それが建国祭へとつながったとも言える[45]。つまり社会主義・共産主義が次第に日本に浸透するなかで、近づく普通選挙を意識した時、これらの思想に対する対抗として建国祭の開催が浮上したのである。永田は建国の精神として、万機公論・君民同治・四民平等であることを強調する[46]。「デモクラシー」の要素を建国の精神は十分に含んでいると述べることで、それを取り込もうとした。これは、これまでの自身の「国体」論を繰り返したものであろう。

永田は後に、「普選と建国思想」と文章を執筆している[47]。そのなかでは、小作争議や労働運動が頻発する現状に触れつつ、しかしそういった現状だからこそ「日本人は一年に一度位は日本と云ふものを深く考へて見る様にしたいと思ふ」と主張する。そこで永田は建国祭の意義を強調する。永田はそして、日本の建国の根本精神には三つの要素があると展開する。第一に、「平和を愛すると云ふ事」。こうした意義を強調することで、彼は争議や運動によって官民が争うということが歴史的な建国思想に反している、それは避けなければならないと主張しようとしたのである。第二に、「君民同治だと云ふ事」。つまり、「デモクラシー」も建国神話だと述べることで、「国体」との適合を図ろうとした。第三に、「君民一体だと云ふ事」。一九二八年の第一回普通選挙を受け、無産政党の議席獲得という状況のなかで、このような主張を展開して「国体」を維持するため、「デモクラシー」の根拠を建国神話に求め、体制内により取り込もうとしたのである。

そして永田は、建国の精神を「時代化」し、イベントとして表象させることで民衆への浸透を図り、国家としての統一性を強固にしようと考えた。このように「時代化」を強調しつつも、建国祭については「反動的」との意見も根強かった[48]。しかし建国祭はその後も継続して開催されていく。その背景には、永田が建国祭開催を主張する論のなかにもすでにその萌芽が見られるように、国内に共産主義浸透への危機意識が広がっていった状況がある。当初は官製色の濃いイベントであったが、次第に参加拡大が図られるようになり、ある種の楽しく親しみを持たせる祭りとしたことも影響し、建国祭は拡大していく[49]。とはいえ、それだけではなく内容は次第に永田の危機意識を反映したものとなっていた。そして昭和期になると「国体」論は先鋭化していき、建国祭の存在自体が「反動的」ではなくなっていくのである。この先鋭化については、次節で詳しく見ていきたい。

第三節　「国体」論の先鋭化

共産主義への危機感

前述したように、共産主義などに対して危惧を抱きつつも、それを「緩流」させて対応しようとしていた永田であったが、危機感をより強くさせる事件が起きた。それは普通選挙後の一九二八年三月一五日、共産党関係者ら一〇〇〇名以上が治安維持法違反で検挙された共産党事件である。永田にとってこの事件の衝撃は大きかった。この年の一一月には昭和天皇の「御大典」を控えていたため、永田も「国体」や共産主義という問題により敏感となっていたものと思われる。そのために永田は同年一〇月、『平易なる皇室論』を再び改訂し、「共産党事件と国民の信念」という論文を加えて共産主義への危機感を鮮明にしている。[50]このなかでは、「上御一人」という概念を強調し、「国体」論のなかで「一君万民」の思想をより展開させた。

我々五千万同胞は凡そ皆平等であつて何等の階級が無い、唯我々の上と仰ぎ奉るは天皇陛下御一人である……此観念より出発して自然に湧き出づる精神は第一に親愛の心、第二に協同の心、第三に平等の心である……此上御一人と言ふ言葉の内には自然に親愛協同平等の精神を包含し皇室を中心として相団結するを意味する

永田は「上御一人」を展開させることで階級や支配・被支配といった共産主義思想を否定し、天

皇の下での「平等」を強調することで国家としての統一感・秩序を維持しようとしたのである。永田にとって、民衆に「国民」としての平等や一体性を担保するため、天皇の存在は必要不可欠であった。しかし永田は、それを単なるスローガンや観念的な議論にはとどめなかった。経済上の貧富の問題と「国体」とは関係のないものであると留保をつけつつも、政治的経済的に改善すべき点を見出し、社会政策を積極的に実施することで「国体」の安定化を図るべきと主張したのである。永田は共産党事件の衝撃を受けつつも、共産主義に強く打撃を加えるというよりはむしろ、それを「国体」に包含させることで消滅させようとする穏健主義的対応を見せたといえるだろう。(51)

しかしそれまでの思想を全く転回させなかったかというと、「上御一人」という概念を新たに登場させたように、共産主義に対抗して「国体」論を先鋭化させたかの要素をも見ることができる。一九二八年一〇月に発行された『御大典に際し全国民に訴ふ』では、「国体」論のさらなる強調がなされている。(52)ここでも永田は、階級闘争を意識して「上御一人」を詳細に論じたほか、新たに「奉還の作用」という概念を提起し始めた。永田は大化の改新・明治維新を例に出しながら、「国難」の時は天皇への権力の「奉還」が行われることが「我々の本能」であり、現在はまさにそれが行われる時にあたると主張する。ここで「本能」とまで言い切ることで、「国体」への批判を受け付けない態勢を整えている。天皇に「奉還」されれば「最も公平にして適当な一視同仁の御措置」がなされるはずであり、共産主義が主張するような経済上の貧富の差を解消する措置はこれまでも行われてきた「国風」であるから、共産主義に転換しなくてもよいとの論を永田は展開した。革命によって国家の転覆が行われることへの相当の危機意識が、こうした論を生む背景にあったものと考えられる。

また「何故に皇室を尊敬するかと訊く者に対して「何故も糸瓜もあるか」と怒鳴り付けてやりたい」と述べるように、[53]天皇は無条件に尊敬される存在として議論の前提となっていた。そこには、いかに「国体」が「デモクラシー」と適合的であるかを強調した大正期の議論から変化を見せていた。そして天皇制の機能・有用性から議論が展開されることはこれ以後一度もなくなり、昭和天皇の「人間」的なエピソードの類も見られなくなる。[54]代わって出てくるのが即位礼・大嘗祭などの儀式の意味やそれに関する歴史、前述した「奉還の作用」であり、永田の議論は徐々に非常に難解かつ抽象的なものへと変化し、その「国体」論も先鋭化していく。昭和期に入り、永田の論も共産主義に対する危機意識から次第に変化していったのである。[55]

帝国の膨張と「国体」論の展開

永田は一九三〇年五月に再び東京市長に就任、一九三三年一月に辞任後、翌年五月に帝国教育会会長に就任した。この後の永田からは、教育勅語への高い評価がたびたびなされるようになる。一九三四年一〇月のラジオ放送で、永田は「教育勅語と生新の気分」と題する講演を行った。このなかで彼は、教育勅語は「国民の道徳の標準」を示したものであり、「日常の道徳標準」であるから親しみを持ってもよいのではないかと提起している。[56]教育勅語は決して「固陋偏狭の思想」ではなく、そのなかでも時代に適応する道徳に対して重点を置き、国民の精神を「奮起」すべきであると言う。一見すると大正期に展開された永田の議論のようにも見ることができる。

しかし、そこには大きな違いがあることがその後の議論展開からはっきりする。[57]永田は第一に、紀元二六〇〇年を記念するため、教育勅語のなかにある「国体ノ精華」をより明徴すべきと主張する。これは、一九四〇年に控えていた紀元二六〇〇年を意識した議論であった。また第二に、「義勇奉公」の概念を強調し、非常時には「私を殺して公に殉ずる」ことこそ道徳であると強調する。国家としての一体性を強調する議論を発展させたものとも読めるが、一九三一年に満州事変が勃発して中国において戦争の危機が高まっていたこの時期に、この発言がなされたことを鑑みれば、徴兵されて国家のために尽くすことの「覚悟」を説いたものと見てよいのではないだろうか。第三に、「日本の目的は公明正大」であって、教育勅語中にあるように「古今ニ通シテ謬ラス之ヲ中外ニ施シテ悖ラス」という点に重点を置くべきだと主張する。日本が一九三三年三月に国際連盟を脱退し、海外から批判を浴びていたことを念頭に、日本の行為の正当化を教育勅語によって図ろうとしたのである。永田は、教育勅語によって「国体の精華」を示し、国民精神の作興を目指した。それは、満州事変以後の国際環境や国内状況を踏まえてなされた議論であった。

このような教育勅語に対する議論は、政党が議会で「国体」を盾にして対立したことで「国体」が大きな呪縛を持ち始めたこと、[58]一九三五年の国体明徴声明、[59]一九三七年の『国体の本義』の発行といった時代状況とも相まってより先鋭化していく。一九四〇年一二月に書かれた文章[60]のなかで永田は、教育勅語は国民思想を統一させた「永世不易の大典」であり、それによって日本が国家としての発展を遂げたと絶賛している。教育勅語によって「世界新秩序」の指導的地位になったという意識を有し、その精神を遂げるために努力するように求めた。そこでは国際世界のなかでの日本の立場を教育勅語によって正当化し、総力戦体制に協力していくことが当然であるかのような解釈が展開されていた。[61]しかしその内容は非常に精神主義的かつ抽象的であり、具体例を豊富に使用しながら柔軟に共産主義にも対応しようとしていた大正期の永田の姿はそこにはもうない。[62]

このような傾向は、教育勅語に関する議論に限ったものではない。広田弘毅内閣で拓務大臣、阿部信行内閣で鉄道大臣を務めた永田は、「帝国」「皇国」という概念をも積極的に展開し始め、「八紘一宇」の概念を「国体」に適用していった。[63]永田は「我日本帝国のみが弥栄であつて衰ふる事がない」と言い切り、日本の世界における優越性を強調する。なぜ日本のみが「弥栄」なのか。それは、「同一民族」で団結力があり、優秀性を兼ね備えつつ進歩的で勤勉的であり、青年的気力を有していたからであると言う。こうした要素を結合させると、「皇室に対する感激」が生まれると言う。その論理展開は強引で、説得的ではない。「国体」を無条件に受け入れ「賛美」することが、すでに結論として先に用意されているのである。そして次のように述べる。

我等は父子の情を以て皇室を熱愛し、神霊に奉ずる心を以て皇室を景仰す、「海往かば水づく屍、行かば草むす屍」我等の生命は君国に捧ぐる事によつて最も其死所を得たるものとする。此情熱の燃ゆる限り我帝国は万代不易である。天壌無窮であるここで「国体」は絶対視させられ、「死」と結合している。帝国の膨張とともに、その「国体」論も膨張し始め、具体性に乏しいものへと変質していく。そこには、あれほど繰り返されていた「デモクラシー」の影はどこにもない。「国体」は「デモクラシー」を適合させるほどまでに寛容であったがために、日本の置かれた国際環境が変化し、戦争へと傾斜していくなかで、そうした時代状況をも適合させて変容を遂げていったのである。

おわりに

第一次世界大戦後の「デモクラシー」潮流は、「国体」にも大きな変化を迫った。「デモクラシー」が「国体」に適合的であるとして主張するのではなく、「国体」が「デモクラシー」に適合的であると強調せねばならない状況になったのである。一九二一年に内務省神社局が発行した『国体論史』は、「国体」論の重要な柱として神話を挙げるが、その「神話は其国民の理想、精神として最も尊重すべし、只それ尊重すべきのみ、之を根拠とし我国体の尊厳を説かんと欲するは危し、先入主として、之等の「国造り説」と相容れざる進化学上の智識を注入せられ居る国民は或は之を信ずる事を得ざるが故なり」と述べている。内務省でさえも、「国体」論が絶対的ではなく、近代的な概念によって変容を遂げなければならない状況を認めていることは重要であろう[64]。「国体」の実態は空虚な無であるがゆえ、こうした操作にも堪え得ることができた。「デモクラシー」が日本ではいかに歴史として受容されてきたのかを説く言説は、「デモクラシー」を「国体」に包摂させることで、その取り込みを図ろうとする意思を有していた。なぜそこまでして「国体」にこだわるのか。それは、ロシア革命などヨーロッパの君主制の危機・共産主義思想の浸透など、それまでの秩序が破壊されて共同体や国家としての統一感や一体感を喪失してしまう危険性が立ち現れたため、そうした問題を打破するための強い論理が必要となったからであった。

第一次世界大戦後の世界的な情勢変化のなかで新たな国家支配秩序再編が目指された時、「国体」は階級を平準化し、国内諸勢力の対立を緩和する効果を持った論理として浮上した。民衆に「国民」としての「覚醒」を求めた議論は、まさにそうした論理のなかから一体性を保持するために登場してくる。そして、新たに構想された「国体」では、社会政策を積極的に実施して階級対立を防ぐとともに、天皇は政治的実権よりも対立の緩和材・社会の調和を表象するナショナルシンボルとしての役割に比重が置かれていく。

内務官僚であり行政官であった永田秀次郎は、自身の様々な経験から「国体」論を構築していった。彼はたとえを多用して、まさに「平易なる」「国体」論を民衆に提示しようとし、人々の感性に訴えかける方法で「国体」論を伝播していく。「新しい皇室像」を求めていたマスメディアにとって、皇太子に関するエピソードを語ることができ、「平易」な言葉で「国体」を説明できる永田は好都合な人物であった。永田は「国体」を言葉だけではなく、空間や建国祭といったイベントによって表象し、具現化することにも腐心した。

大正期の永田は、「国体」がいかに「デモクラシー」と適合的であるか、それを包含しているかを説き、新たな「国体」による国家としての統一性・一体性を保とうと考えた。ここで重要なのは、永田がこの時期には天皇制の機能・有用性を強調することで、「国体」の必要性を訴えていた点である。「国体」は「デモクラシー」に比重を置き、それとの共存なしには成立し得ない存在となっていた。しかし昭和期に入ると事態は次第に変化を見せ始める。共産主義の予想以上の浸透は永田の危機意識を高めた。永田は共産主義を包含するような構想を採りつつも、「国体」論を次第に観念化・先鋭化させていく。治安維持法に「国体」の文言が入って次第に大きな呪縛の力を持ち始め、国体明徴声明や『国体の本義』の発行などを経て「国体」は絶対視される。こうした状況にあって、永田の「国体」論も具体性に乏しいものへと変質し、精神主義的で他国への優越性を無前提に強調するようになった。ここで「国体」は「デモクラシー」に全く比重を置かなくなった。本章で見た永田のように、大正期から昭和期にかけて、「国体」は「デモクラシー」との関係のなかで、様々な振幅を持ったのである。この経験が、敗戦という危機を迎えた時に再び「デモクラシー」へ比重を置く議論へとスムーズに転換できる要因となっていく。

【注】

（1）波多野勝『裕仁皇太子ヨーロッパ外遊記』（草思社、一九九八年）、坂本一登「新しい皇室像を求めて」（『年報近代日本研究』20、山川出版社、一九九八年）など。

（2）鈴木正幸『近代天皇制の支配秩序』（校倉書房、一九八六年）、同『国民国家と天皇』（校倉書房、二〇〇〇年）。小熊英二『単一民族神話の起源』（新曜社、一九九五年）は、植民地を獲得して多民族帝国となった当該期の日本において、「国体」論の再編成が行われたことを明らかにしている。近代における「国体」論の変容過程については、長谷川亮一『「皇国史観」という問題』（白澤社、二〇〇八年）がコンパクトにまとめている。

（3）渡辺治「天皇制国家秩序の歴史的研究序説」（『社会科学研究』第三〇巻第五号、一九七九年、二六一頁）。このように「国体」を時代状況に応じて再編成し、国家の新たな根拠にしようとした代表的な論者は、井上哲次郎であろう。

（4）こうした明治期以来の伝統的な国体論については、米原謙「国体」（同編『「天皇」から「民主主義」まで』晃洋書房、二〇一六年、九五～一〇八頁）、昆野伸幸「近代日本の国体論」（『近代』第一〇六号、二〇一二年、三一～三三頁）などを参照のこと。

（5）神島二郎「日本型保守主義の成立」（『立教法学』第六巻、一九六四年）、鈴木前掲『近代天皇制の支配秩序』、同前掲『国民国家と天皇』、横山孝博「皇太子裕仁の訪欧と大正デモクラシー期の天皇・皇室像」（『北大史学』第三三号、一九九三年）、原武史「「国体」の視覚化」（網野善彦他編『天皇と王権を考える』10、岩波書店、二〇〇二年）、同『皇居前広場』（光文社新書、二〇〇三年）。

近年、一九二九年から死亡する一九四三年まで永田が学長を務めた拓殖大学から資料集が刊行された（『永田秀次郎――自然体の伝道者』拓殖大学、二〇〇五年）。その解題とも言える池田憲彦「自然体の伝道者・青嵐永田秀次郎」が永田の思想全般を扱っている。

（6）尾川昌法「建国祭の成立」（『立命館文学』第五〇九号、一九八八年）、昆野伸幸「近代日本における祭と政」（『日本史研究』第五七一号、二〇一〇年）、古川隆久「近代日本における建国神話の社会史」（『歴史学研究』第九五八号、二〇一七年）。

（7）安武直夫『我国に於けるデモクラシーの思潮』（内務省警保局、一九一八年、八四～八五頁）。安武は警保局事務官であった。

（8）梶田明宏「「昭和天皇像」の形成」（鳥海靖他編『日本立憲政治の形成と変質』吉川弘文館、二〇〇五年）など。

（9）国立公文書館蔵「大正大礼京都府記事　警備之部」（京都府警察部、一九一六年）。永田が京都府警察部長時代の府知事は大森鐘一であったが、永田によれば「皇室に関する問題に就いては、大森さんは知事時代から極めて注意深く、且真剣に心配して居られた」という（永田「思ひ出」故大森男爵事歴編纂会編『大森鐘一』故大森男爵事歴編纂会、一九三一年、一〇四～一〇九頁）。大森は一九一六年に皇后宮大夫に就任し、永田ともその後も交流を持った。永田は京都府時代からこの大森の影響を受け、皇室の問題に関心を寄せていったと思われる。

（10）「後藤新平と永田秀次郎」（『教育学術界』一九二二年五月号、二九九～三〇二頁）は、後藤が後に東京市長になった際に永田は助役に就任したが、後藤が抱えていた問題を解決するために永田が奔走したと述べる。永田は「悠揚たる其の襟度は如何にも男らしく、又如何にも落著いてゐる」、後藤が怒っていても永田は「平然として絶へず微笑して」おり、そうした態度が接する人々に親近感を与え、「後藤市長の女房役」と評価されている。このように、後藤という政治家を支えるよき官僚としての位置を永田は世間から与えられており、後藤とセットで登場することも多かった。

（11）以下、東京都立中央図書館蔵『講話要旨』（一成社、一九一七年）。永田は「デモクラシー」についての知見を有していると政界では見られていたようである。後の回想によれば、永田はこの時期に元老の山県有朋にも「デモクラシーの講義」をするほどであった（鶴見祐輔『正伝・後藤新平』6、藤原書店、二〇〇五年、一四二頁）。

（12）ケネス・ルオフ『国民の天皇』（共同通信社、二〇〇三年、後に岩波現代文庫、二〇〇五年、四八～四九頁）。

（13）前掲『講和要旨』六〜九頁。永田は「デモクラシー」をバナナにたとえ、青いバナナ＝「人民の為に人民の行ふ人民の政治」ではなく、黄熟バナナ＝「民意を暢達する政治、万機公論に決する政治」まで待てばよいと述べる。日本の「国体」に「デモクラシー」を適合させて消化すべきとの主張である。

（14）「所謂民本主義に就て」（『海之世界』第一二巻第二号、一九一八年、二六〜三〇頁）。ここで述べられる主張を一九一一年一〇月一〇日に行われた講演でも永田は展開しており、彼はこの時期、こうした主張に先述した労使関係に関する意見を加えながらを各所で自らの「国体」に関する構想を披露していた（「講話要旨」『警察協会雑誌』第二二二号、一九一八年、一〇〜二三頁）。

（15）以下、『我思ふ所』（博文館、一九一八年）。

（16）永田は「デモクラシー」について、井上哲次郎・吉野作造・美濃部達吉の論を引用しながら、「国体」と一致する思想として評価し、「国情」に応じてそれを発達・改善させるべきだと主張する。

（17）以下、『浪人となりて』（耕文社、一九一九年）。

（18）渡辺治「日本帝国主義の支配秩序」（『歴史学研究』第五〇四号、一九八二年）など。永田よりも若い内務官僚（神社局）であり、青年団運動を積極的に展開した田澤義鋪は、「尊厳無比なる国体」のものと「美しき社会」を建設する「道の国日本」を掲げ、地域の社会改良を通じて民衆の支配・統合を図ろうとした。その「国体」こそ「君民一体」の道徳的共同体であった（池田順「第一次世界大戦後の支配構想」内務省史研究会『内務省と国民』文献出版、一九九八年）。同じく永田よりも若い内務官僚であった田子一民（地方局）も、「自治」「社会連帯の思想」を民衆に涵養させることで、安定的な支配構造を構築しようとした。田子にとって、「社会連帯」を維持する中枢的機能こそ天皇制であった（黒川みどり「第一次世界大戦後の支配構想」内務省史研究会前掲『内務省と国民』）。

（19）「民本主義ト過激思想」（『警察協会雑誌』第二三一号、一九一九年、一〜一一頁）。

（20）「民本主義ト過激思想（承前）」（『警察協会雑誌』第二三二号、一九一九年、一〜一一頁）。これはおそらく講演録だと思われるが、一般的な雑誌ではなく警察関係のそれに掲載されたことの意味は大きい。こうした思想と治安・体制との関係を警察・内務関係者が問題視していた証拠だと思われる。

(21) 鶴見祐輔『正伝・後藤新平』7(藤原書店、二〇〇六年、三三六~三三九頁)。永田のほかには池田宏・前田多門が就任するなど、助役は内務省関係者によって固められた。

(22)『平易なる皇室論』(敬文館、一九二一年、五頁)。永田は同年には『平易なる皇室論』を英訳した"A Simplified Treatise on the Imperial House of Japan"(博文館、一九二一年)を出版し、海外へも天皇制の紹介を試みている。

(23) 前掲『平易なる皇室論』六~一〇頁。

(24) 前掲『平易なる皇室論』八五~九四頁。

(25)『原敬日記』第五巻(福村出版、一九六五年、一九二〇年九月二日条)。

(26) 前掲『平易なる皇室論』二八~五六頁。

(27) 前掲『平易なる皇室論』九二頁。

(28) 前掲『平易なる皇室論』一四一頁。

(29) 前掲『平易なる皇室論』一八頁。

(30)『日本の堅実性　慶びの春に』(敬文館書店、一九二四年、二一二頁)。

(31) 前掲『日本の堅実性　慶びの春に』三九頁。

(32)『平易なる皇室論　附皇室と国民との接近』(敬文館、一九二二年、序文)。

(33) 以下、「皇室と国民との接近」(前掲『平易なる皇室論　附皇室と国民との接近』所収)。

(34) 東京都立中央図書館蔵『大詔を拝して』(東京市社会教育課、一九二三年)。

(35) 東京都立中央図書館蔵『御成婚と精神作興』(帝都復興叢書刊行会、一九二四年)。「御成婚」については、永田がその奉祝会に参加した様子を「東宮御成婚奉祝会」として書き、吉田弥平編『中学国文教科書』巻三修正一七版（光風館、一九二六年）に収録された。教科書を通じて、子どもたちにまで皇太子の様子が伝えられていったのである。

(36)東京都公文書館蔵『昭和の新帝を寿き奉る』（東京市社会教育課、一九二七年）。

(37)『新生の日本』（都市協会、一九二八年）。

(38)以下、「淡路島にて迎へたる東宮殿下」（前掲『日本の堅実性』所収）。なおこのエピソードは、「東宮の御前に恐れ入る永田助役」との見出しで巡啓中に新聞にも報道されている（『東京朝日新聞』一九二二年一一月一日）。

(39)こうしたエピソードを紹介するのは、皇太子についてだけではなかった。「震災後に拝したる国母陛下」（前掲『日本の堅実性』所収）では、関東大震災後での貞明皇后の救援所視察の様子が描かれる。皇后の生の声から、「御同情」「憐れみ」を感じ、その「慈悲」に感動したと永田は強調している。

(40)『読売新聞』一九二三年一〇月二三日。

(41)『読売新聞』一九二四年一月二七日。

(42)「我々の眼の前には天皇陛下のお出でになる宮城がある、我々と天皇陛下との間は何者をも之れを隔てるものか無い」（一九二八年二月一一日「昭和維新と建国祭」国立国会図書館憲政資料室蔵「永田秀次郎関係文書」一一〇一）と永田が述べたように、宮城前広場で開催することで、民衆と天皇との近しい関係性を演出しようとしていた。

(43)『読売新聞』一九二五年一一月二四日。

(44)『大阪毎日新聞』一九二六年二月一二日。

(45)尾川前掲「建国祭の成立」三九二頁、

(46)『建国の精神に還れ』（実業之日本社、一九二六年、一五〜二九頁）、古川前掲「近代日本における建国神話の社会史」二二七頁。

(47)「普選と建国思想」（帝国政治雄弁協会編『大衆政治の言論戦』文華堂、一九二九年、三三三〜三四一頁）。

永田が作成した「建国ノ精神ニ就イテ」というメモ（作成日不詳）には、「現代化」という文言がある。建国思想を単に歴史から掘り起こし語るのではなく、いかに現代の状況に応じて主張するのか、という意味だと思われる。一方で、同じメモには「模倣ハ自殺ナリ」という文言があり、「日本化ノ意」という注釈が付されている。これは、「デモクラシー」を単に日本へ入れるだけではなく、「国体」と適合的な形にするという従来からの永田の主張だと思われる（「建国の精神に就いて」「永田秀次郎関係文書」一一九七）。以上二つを同時に主張するところに、永田の建国思想の特徴があった。

(48)『東京朝日新聞』一九二六年二月九日、『大阪朝日新聞』一九二六年二月一一日。

(49) 古川前掲「近代日本における建国神話の社会史」三二一〜三三三頁。

(50)『平易なる皇室論　附共産党事件と国民の信念』（敬文館、一九二八年）。おそらくこの時期に書かれたと思われる永田のメモによれば、共産党事件を契機にして建国思想を考える必要が生じたことが記されている。そのなかには、民衆と皇室との歴史的な関係は「同根」であるがゆえに「繁栄」した事実があると述べられている。「皇室中心」という考え方が「国民的精神」として定着してきたゆえに、これまで国が発展してきたという。そのため永田は、ここでそうした歴史的意義を強調し、共産主義をそれに反するものとして退けようとしていた（「共産党事件と建国の精神」「永田秀次郎関係文書」一四一〇）。

(51) この時点での永田は、これまでの態度・思考を一変させたわけではない。自身が「御大典」参列した時のことなどを述べた記事を新聞に掲載して、「若々しい」天皇をイメージさせるマスメディア戦略を採っている（『東京朝日新聞』一九二八年一一月三日夕刊、『読売新聞』一九二八年一一月一一日）。その後一九三〇年の講演でも、「上御一人」は「デモクラシー」という概念を含み込み、共産主義も消化できるとの主張を繰り返しており（『国際精神と愛国心』海軍省教育局、一九三〇年）、新たな概念は提起しつつも、これまでの論をすべて転換させたわけではなかった。

(52)『御大典に際し全国民に訴ふ』（講談社、一九二八年、一〜六二頁）。なお、永田はこの本を関屋貞三郎宮内次官に送っているが、その同封の手紙のなかで、階級闘争を叫ぶ人々がいる現状は「国体」変革の危険性につながると述べ、それに抗するためにも「上御一人」の「国体」の必要性を説く。そして、社会政策を実行すべきと主張している（一九二八年一〇月一六日付「永田秀次郎発関屋貞三郎宛書簡」国立国会図書館憲政資料室蔵「関屋貞三郎文書」四三四）。

（53）前掲『御大典に際し全国民に訴ふ』一二〇頁。

（54）ただし、明治天皇に関するものはその後も存在している。一九三二年七月二九日に執筆されたメモでは、明治天皇を「我々の天子様」と評して、その「聖徳」を挙げている（「明治天皇に関する演説覚書」「永田秀次郎関係文書」一一一一一一）。これはこの時期の明治天皇を顕彰する動きと軌を一にした言説と見てよいだろう（羽賀祥二「天皇と巡幸」網野他編前掲『天皇と王権を考える』10、一一三～一一九頁など）。

（55）永田の「国体」論の変化には、一九二六年に起きた井上哲次郎不敬事件の影響も大きいと思われる。井上の著書『我が国体と国民道徳』（廣文堂書店、一九二五年）は「国体」の根拠を神話ではなく道徳性に求めた。それは時代状況に応じた合理的根拠を提示したものであり、これが右翼を刺激して発禁処分へとつながった（渡辺前掲「天皇制国家秩序の歴史的研究序説」二六一～二六七頁）。永田も井上同様に時代の状況を踏まえた「国体」論を展開していたが、井上に対する処分は機能・有用性から「国体」論を主張することの困難さを知らしめたものと思われる。

（56）「教育勅語と生新の気分」（『青嵐随筆　九十五点主義』実業之日本社、一九三五年、二四六～二五〇頁）。

（57）前掲「教育勅語と生新の気分」二五〇～二五五頁。

（58）松尾尊兊「政友会と民政党」（『岩波講座　日本歴史』第一九巻、岩波書店、一九七六年、後に同『大正デモクラシー期の政治と社会』みすず書房、二〇一四年に所収）、伊藤之雄『政党政治と天皇』（講談社、二〇〇二年）などを参照。

（59）増田知子『天皇制と国家』（青木書店、一九九九年、第三部）などを参照。

（60）「教育勅語渙発五十年記念式典に賜はりたる　勅語を奉戴して」（『帝国教育』七四六号、一九四〇年）。

（61）このことについては橋川文三の指摘が参考となる。橋川は『国体の本義』と四年後の一九四一年に出された『臣民の道』を比較し、そこには新秩序に向けて「国体」の目的が世界史的規模に拡大したことを指摘している（橋川文三（筒井清忠解説）『昭和ナショナリズムの諸相』名古屋大学出版会、一九九四年、二四一〜二四七頁）。永田の論の転回も同じ意図を持っていたと考えられる。

（62）一方で、社会主義や共産主義を警戒する意識は持ち続けていた。一九三六年の衆議院総選挙において、社会大衆党が一八議席・その他無産党が四議席と、それまでで最多の議席を獲得した。これに危機感を覚えた永田は、無産勢力の伸張を研究する必要性を説いた。永田はこの数値は知識階級なども投票したからだろうと分析し、それへの対策を主張する。具体的には、イギリスの王と労働党の関係性のように、日本においても天皇と無産党の関係性を構築（＝「陛下の無産党」）すべきと提言した。つまり、「国体」のなかに体制内化する必要性を強調したのである（「陛下の無産党」「永田秀次郎関係文書」一一二七）。

（63）以下、『日本の前進』（新潮社、一九三九年）。

（64）『国体論史』（内務省神社局、一九二一年、三七三頁）、長谷川前掲『「皇国史観」という問題』六六〜六九頁。

補論

大正期の天皇制・「国体」とマスメディア・社会

はじめに

これまで、第1章では大正期の著名な思想家である吉野作造の構想から、「デモクラシー」の立場からの天皇制構想を、第2章では内務官僚・東京市長などとして活躍しマスメディアにも多数露出した永田秀次郎の構想から、「国体」を「デモクラシー」という「新思潮」に適合させた構想を、それぞれ明らかにしてきた。

第一次世界大戦後、世界的な君主制の危機という状況、そして「デモクラシー」の浸透というなかで、日本においても天皇制の再編成は迫られていく。この補論では、その状況を再度確認しつつ、同時代の天皇制・「国体」がいかに構想されたのかをより広い視野で明らかにする。そして、そのなかでマスメディアが果たした役割にも言及しておきたい。

第一節　「デモクラシー」と君主の「人格」

　これまで繰り返してきたように、第一次世界大戦中からその戦後にかけて、ドイツ・オーストリア・ロシアの王室は相次いで崩壊し、世界的な君主制危機の時代へと至った。これは日本の天皇制に対しても危機感を与えていく。また、世界的な潮流となっていた「デモクラシー」が日本へと移入し、それに対応した天皇制への再構築が迫られた。そして、民衆と天皇との関係性が強調されるなかで、漠然とした天皇制という制度ではなく、天皇という「個」の存在が重視されるようになったのである。その時、天皇の「人格」という要素が浮上する。

　国際連盟事務次長であった新渡戸稲造は、「世界大戦は民主主義運動を加速させ、共和政治の原理が脚光を浴びるようになった……民主主義は原則であり、君主制は形式である。この二つの概念は、東洋精神にとっては、相容れないどころか調和すると考えられる。東洋精神は、制止と活動、君主制と民主主義の間になんら矛盾を認めようとせず、むしろ、君主と国民との間の相違を均して、一体化する」[1]と述べ、第一次世界大戦後、「新思想」である「デモクラシー」は世界的潮流になったとしつつ、それと天皇制は調和するものであると主張し、日本への「デモクラシー」の移入を可能にしようとした。むしろ、東アジア（日本）はこうした一体化・調和を可能にする風土にあると新渡戸は述べる。このような言説は第一次世界大戦後、数多く存在した。天皇制と「デモクラシー」を一致させることで、近代天皇制に民意調達、国家的意思形成への民衆の参画という要素を加え、新たな再編を試みようとしたのである。そしてそのなかでは、民衆と天皇の関係も次のように説明される。

> 日本歴史の説明する所によれば、吾国の列聖は民を以て政の本としてゐられる藤原氏を初めとして、皇室と国民との間に或は貴族或は武門なる制度を設ける迄、皇室と国民の間は最も直接的で親みがあつたと思はれる……吾輩は思ふ。この所謂藩屏と称するものが皇室と国民の間に設けられて反つて此の二つを疎隔した嫌ひがありはすまいか。所謂民本主義を恐れるのも此の階級と之に隷属する輩に多いのではあるまいか。一言に約すれば、民本主義なる世界的思潮を誤解し、若くは曲解して我国体若くは我皇室の尊厳によくないもの丶如く言ひなるものは、己の位置を守らんが為に殊更悪態に曲解する輩の行為ではあるまいか。虚心平気に我皇室の思召と且三千年以来の民に対する皇室の態度を見奉つたならは民本主義に合致するをこそあれ、之を背違する事はゆめ無いものと吾輩は信ずる(2)

新渡戸稲造（国立国会図書館ウェブサイト）

このように、「デモクラシー」が「国体」と合致するものであること、そして民衆と天皇の歴史的結びつきが強固であることを主張し、それを否定する勢力は中間勢力として「国体」を理解していないとして批判する。このように主張することで、新渡戸は「デモクラシー」の日本への移入を可能にしようとしたのである。この新渡戸の主張からは二つの論点が導き出される。第一に、民衆と天皇の関係性（人と人との関係性）を強調するため、天皇制という制度そのものへの関心以上に、天皇という「個」、言い換えれば天皇の「人格」への注目が高まっていったことである。天皇制という制度に民衆が従うのではなく、天皇が「個」として民衆と結びついている状態こそが新しい天皇制にふさわしいと構想された。第二に、民衆の支持調達を必要とする社会（＝大衆社会）の出現が、この時期の天皇制の再編成にとって大きな意味を持ったことである。それを組み込んだ上で「国体」を新たに説明し直す作業が行われた。

しかし、「デモクラシー」は民衆の支持調達を国家的意思決定に組み込む反面、それまで以上の権力機関の分立と、それぞれの階層による利害対立に伴った意思決定までの混乱が予想された。そこで、第1章で述べたように民本主義をリードした吉野作造は少数者による哲人政治を説き、その調整者としての天皇の存在を主張したのである。吉野は、歴史的な「君主と人民との微妙なる情誼的関係」を主張しつつ、天皇の「人格」を強調することで天皇の公平性を担保しようと試みた。そうすることで吉野は、「デモクラシー」移入後の調整者として、天皇の立場を正当化しようとしたのである。

つまり、「デモクラシー」の根拠として、民衆と天皇との歴史的な関係性（いわゆる「国体」）があったと言えるだろう。また調整者としての天皇は、分立する民衆の利害を調整する調整者たらねばならない。ならば天皇は自身が利害者となって実際に権力を行使するのではなく、それぞれの分立機関から超越した公平な調整者として存在する必要があった。そしてそこからは、新渡戸や吉野のような「デモクラシー」の推進者たちによる、天皇の実際的な権力の縮小という主張が立ち表れてくる。新渡戸は「イギリス王室の安定と人望は「権力なき尊厳」の原理によって保たれている」[3]と述べ、第一次世界大戦後も君主国として継続しているイギリスは実際上の権力ではなく、権威的な存在であるからこそ「安定」しているのだと主張した。しかも、「日本の帝国憲法が天皇の権威を「神聖」にして「不可侵」、「天壌無窮」なりと宣言したとき、憲法起草者たちは天皇の権威の倫理的基盤を考えていた。このような言葉は政治学的語彙としてはふさわしくなく、宗教的範疇に属する」と新渡戸は展開し、大日本帝国憲法においても天皇には実際上の権限が存在するのではなく、あくまで権威であると強調した。これによって、「デモクラシー」は「国体」に反したものではないと主張していったのである。

第二節　皇太子教育の必要性

同時期、大正天皇が病気によって最終的な統治権の総攬者としての権威を保てないという事態に陥る。そのようななかで、大正天皇の病気は「公然の発表なきも自然国民の知る所となり人心一般に沈喪し皇室及国家の前途に就き杞憂を懐くに至れり」と奈良武次侍従武官長は後に回顧している[4]が、政府や宮中においては君主制の危機という状況は世界だけではなく日本もだと、より切実かつ緊迫した問題として捉えられていたのである。[5] そのため、「国民一般殊に政府の高官を始め有識階級の人士は自然皇太子殿下の御健康御教育御補導等に大に注目するに至り」[6]という状況になった。このとき、青年として登場してきた裕仁皇太子に対しては、次期天皇として、「新思潮」に適応した教育が求められ、期待されていく。それを強く主張したのが、第1章で見たように吉野作造であった。

また、ジャーナリストであり評論家でもあった長谷川如是閑《はせがわにょぜかん》も同様に皇太子教育についての意見を展開している。まず長谷川は、「将来君主として国家を統治すべき人を何う教育したら好いか。日本のみに関して云へば斯ういふ問題は、今迄あまり考へられて居なかつた。又考へる必要も比較的少なかつた。或は人民たる者がさういう問題を考ふべきものでないとも思はれてゐた」[7]と述べ、しかし今後は考えるべきだと主張する。これまでの近代日本においては「万世一系ノ天皇之ヲ統治ス」という大日本帝国憲法第一条の条文のように、その存在が当然のものとして捉えられ、その「人格」やそれを涵養するための教育には注目が集まらなかった。しかし、世界的な君主制の危機や「デモクラシー」という状況のなかで、これまで等閑視されてきたそうした要素が君主である天皇にとっては重要となってきたと長谷川は言う。それゆえ、私たちも考えなければならないと言うのである。そして次のように述べる。

皇室と人民との間に直接の融合をつけるには、相互の間に知識と感情との共通のあるといふ事が最も肝要な条件である。進歩的の人民は時々刻々、智的に又道徳的に進んでいく。必ずしも進むとは云はれないかも知れぬが、兎に角変化して行くのである。此の変化が、同時に皇室に感応して居るや否やといふ事が、相互の間に融合の付いてゐるか何うかといふ事を決するのである……而して人民が著々として精神的に又物質的に変化して行くのは即ち時代の刺激によるものであるから、皇室も亦此の時代の刺激を人民と共に感知しなければならない。是が皇室と人民との接触に欠くべからざる条件なのである。

長谷川如是閑

時代の刺激は、広い意味にいふ教育によつて国民に触れる……換言すれば国民が時代の刺激の為に、其の有形無形の生活を時代に適応するやうに変化せしめ行くと共に、皇室も亦此の国民的変化に副うて行かねばならないといふのである⑻

長谷川はここで、「デモクラシー」を意識した皇太子教育論を展開しようとしていた。民衆の「変化」や「時代の刺激」、すなわち「デモクラシー」を理解できる君主に育てるような皇太子教育でなければならない、長谷川の主張はこれであった。

この主張を裏づけるためには、やはり天皇の「人格」、そして民衆と天皇（皇太子）との関係性を強調する必要があった。それゆえに長谷川は、「君主の身分が国家や人民に対して働く事実上の作用は、其の憲法や法律で定まつた国法上の働き以外の道徳上の作用が最も重大なのである」「今後の皇室教育に於ては、此の神秘観聖人観から離れて天皇も亦人間であるといふ見地から君主の教育を講究する事が肝要である。旧道徳観から見ると、之れは天皇の人格を低下せしむるやうに思はれるが、天皇の人間としての存在を無視して、之を抽象的の型に入れるこそ、天皇の人格の価値を低下せしむるものであつて、天皇の人間としての存在を尊重して、人間としての意志感情を善良に発展せしむるといふのは、即ち天皇の人格の価値を上ぼす所以である」(9)と述べ、天皇の「人格」を強調することで、「デモクラシー」と天皇制の適合性を担保しようとした。この「人格」という概念こそ、「デモクラシー」から想起された概念であることは言うまでもない。民衆個人の「人格」を尊重・承認する「デモクラシー」状況によって、君主の「人格」までもがより強調される状況になったと言える。

そして、長谷川以上に民衆と天皇（皇太子）との関係性という観点を皇太子教育論に持ち込んだのが、吉野作造であった。第1章でも述べたように、吉野は民衆と皇室の「人格」的関係性を強調し、そうした認識の下に皇太子教育がなされなければならないと主張したのである。吉野が「デモクラシー」移入後の秩序の源泉として、天皇の存在に期待していた。それは、「デモクラシー」が日本へ移入された時、国家意思決定に新たに参入する多種多様な階層から噴出するであろう様々な欲求に対する牽制でもあった。それゆえに、民衆と皇室との「人格」的関係性の強調という吉野の主張は、「デモクラシー」への警戒感を緩和させようとする意図とともに、一方では「デモクラシー」移入後の防衛という意図も存在していたと考えられる。

第三節　皇太子外遊とその反応

大正期における皇太子の存在が最もピークとなったのは、一九二一年のヨーロッパへの外遊であった。この外遊は大衆社会において発達したマスメディアによって盛んに取り上げられた。外遊中、『東京朝日新聞』は「皇室と国民」とのタイトルを付した次のような記事を掲載している。

殿下が是等の諸国を御巡遊あらせられて、深く近代的国家の意義を体得せられ、克く時代精神を洞察せらるゝの明あることは国民の斉しく感嘆し奉る所である……一体皇室と人民との接近は欧州に於いては敢て珍らしからざる所であつて、専制君主の俤のあつた前独逸皇帝さへも常に平民的態度を以て民衆に接近することを忘れなかつたのである。之に反して我国に於いては皇室は国民と隔絶して神秘の雲に鎖されをるを以て国民は十分に皇室と接触することが出来なかつた傾きがある、斯くの如く皇室をば超越的のものと為して、皇室と国民との間に鴻溝を画したものは、主として宮内官等の偏見に本づくもので、彼等は斯くの如くにして初めて皇室の尊厳を保ち得べしと思惟したのである。併しながら斯る観念は明かに官僚思想に根帯するものであつて、現代に於ては正に通用すべからざるものである。元来皇室の尊厳は単に権力関係を以て国民の畏服することに依りて保持せられずして、国民をして衷心より皇室を愛慕せしむることに依りて保持せらるゝものである。而して皇室を愛慕するの念は皇室と国民との接触に依りて完全涵養さるべきものである。要するに皇室と国民との関係は形式的なものでなく飽までも離るべからざる愛情の連繫でなければならぬ(10)

このようにマスメディアも、積極的に民衆と皇室の結びつきを強調した。裕仁皇太子がヨーロッパ、特にイギリスから立憲君主制を学び、それによって民衆との関係性についての経験を得てくることを期待していた。これまでの天皇制のあり方を否定し、「デモクラシー」に適応した形で天皇制が再構築されることをマスメディアも主張していたのである。そしてその先頭に、新しく登場してきた裕仁皇太子が立って、その役目を担うことが求められた。こうした意見は『東京朝日新聞』だけではなかった。外遊からの帰国後、『読売新聞』は次のような論説を掲載している。

皇室は常に宇内の大勢に順応し、率先して進取の大国是を定め、之に準拠して進み給ふの大御心であるに拘らず、此等杞憂を抱く人々は、自家の思想感情が漸く後れて世の進歩に伴はない為に、却つて世の進歩を危険視し自ら不安を感ずる余り、其の不安憂慮のうちに皇室を引き入れて、強て皇室を進取的思潮から隔離しやうとし、それが却つて皇室の擁護にならない事に気付かない事である……

皇太子殿下は実に明治大帝の残し給へる異国文明摂取、我国文化開発の大業を大成すべき資質を備へさせられることを明かにし給うた。これは我国民の至大なる光栄であり、励みであり、喜びである。斯くてこそ我が国民は君民一致、我が文化に培ひ、我が成長を遂げ、遂に克く世界の文化に長へに貢献することが出来やうと思ふ(11)

ここでは、「宇内の大勢」すなわち「デモクラシー」に対応した天皇制のあり方への変容を求めた主張が掲載されている。それを拒絶する人々を批判し、天皇制を再構築する必要性を説いた。そしてやはりその先頭には、外遊によってヨーロッパの知識を得てきた皇太子が立つべきだと考えられていたのである。

この外遊後も、宮内省やマスメディアの積極的な動きによって、皇太子像が広まっていったことはすでに先行研究が明らかにしたところである(12)。こうした一連の報道では、裕仁皇太子の「人格」に関し注目されていたことも指摘しておきたい。第2章で論じた永田秀次郎は、まさにこうした報道のなかで登場する人物の一人であった。永田は、まわりに気を配りつつ、賢さを同居させた裕仁皇太子の性格を強調するようなコメントをメディアに語っていた(13)。このような民衆との心理的な距離の近さとともに、君主としての能力も有することが、次期天皇である裕仁皇太子に求められた像であった。それは、吉野ら大正期の人々が構想した「デモクラシー」移入後の再編された天皇制に適合的なものであったと思われる。

また、外遊の効果はマスメディアだけではなく、政府・宮中でも期待されていた。在英大使館付一等書記官として皇太子外遊に関する業務に携わった吉田茂は、岳父である牧野伸顕宮内大臣に次のような手紙を送っている。

此程東宮殿下御来遊ハ当国ニ於テ非常ノ歓迎ニテ皇室ノ歓待ハ申スマテモ無之上下一様何トハナシニ人気付候光景ハ唯事ナラズト狂喜至極ニ御座候、是レ一ニ東宮殿下ノ素朴思フカ儘ノ天真御発露上下ヨリ自然敬愛ノ念ヲ集サセラレ候次第カト存候、天性ノ御美質申スモ賢キ義ニ奉存候……

更ニ又我帝室中心主義ノ国体擁護ノ為メ是迄ノ如ク単ニ国学歴史ノ研究ニノミ依ラス頭ヲ世界的ニ東西ノ学理ニ基礎ヲ求メ充分ノ哲理的説明ヲ加フルマテニ研究尽サシメオクコト急務カト相心得候、此研究ノ為メニ特ニ帝室ニ於カレテモ俊秀ノ青年学者ヲ欧米ニ絶ヘス派遣相成、学者ノ養成、研究ノ継続、継続的ニ国民ノ啓発宣伝相成度、現今英仏其他モ上下思想ノ乱調ニハ政府モ手ノ下シ難キカニ見頗ル難色相見候、社会主義無政府主義労農主義ナト欧米思想界ノ混乱ハ我民心ニモ至大ノ影響可有之、殊ニ近時益々動揺ノ兆アル我思想界ノ安定ニ付イテ兼々ノ御用意大切ナルハ申迄モ無之候ニ就テハ我帝室中心主義ノ国体擁護ニ付近世学問的支持幷ニ我学界へ鼓吹取分ケ肝要ト相心得候(14)

ここで吉田は、皇太子がイギリスで歓迎されたことを述べ、そこで学んだ経験が日本において活かされることを期待していた。そしてその効果をより十分に展開させるため、欧米の思想を学ぶ研究者を皇室が派遣することを求めた。より刺激的な社会主義などの影響を受けないため、「デモクラシー」を「国体」に組み込むことを皇室が積極的にしていかなければならないと主張したのである。その契機が皇太子外遊であると吉田は考えていた。
皇太子自身、この外遊の後、イギリスで学んできたことの影響を強く意識していた。側近の奈良が次のように回想している。

殿下御自親［身］も大に得る所あり又国交上の好影響を与へたりとの御感想を懐かれ、余程明朗開闊の御気分を持たれ、内外人に対する公私の社交も大に上達せられたる如く拝したり、併し理性に富ませらるゝ殿下は皇室の祖先が真に神であり、現在の天皇が現人神であるとは信ぜられざる如く、国体は国体として現状を維持すべきも、天皇が神として国民と全く遊離し居るは過ぎたることゝ考へ居らるゝが如く、皇室は英国の皇室の程度にて、国家国民との関係は君臨すれども統治せずと云ふ程度を可とすとの御感想を洩らさるゝを拝したることあり(15)

このように皇太子自身は、外遊が今後の国際関係や国内政治にとってよい影響を与えたと自負していた。しかも、自身が「現人神」であることは信じておらず、支配のための建前の「国体」として維持することは必要だと認めつつ、しかしイギリス流の立憲君主制にすべきとの意見を表明していた(16)。将来天皇となる皇太子自身が、それまでの「国体」からの変化、「デモクラシー」に対応した再編成を志向していた。

第四節　社会政策への取り組み

社会状況の変化のなかで、社会問題や思想問題の研究や対策に天皇制が取り組み、それを内面に取り込む必要性が叫ばれていた。第2章で検討した永田秀次郎の構想もまさにその一つであった。立憲政友会所属の衆議院議員でもあり社会事業家としても著名であった鈴木梅四郎はこの時期、「皇室社会新政」という概念を提唱し、天皇制が積極的に社会事業に取り組むことを主張する。[17]鈴木はこうした思考は「万世一系の皇室が、常に蒼生の利福を以て国の基とし、経済的、社会的豪族の跋扈に対しては、終始細心の注意を払つて其制馭に御苦心遊ばされたので、幸にして欧州諸国に見るが如き社会的惨劇は之を見ることなくして止んだのである」と説明し、何も新しい政策ではなく、むしろ歴史的な天皇制のあり方なのだと強調した。こうした社会事業に積極的に取り組んできたからこそ、世界的な君主制の危機から日本は守られているのだと述べる。一方で、「吾々は近代産業制度の結果、当に来るべき貧富両階級の葛藤に対して、予め之に処すべき最善の途を講じ、曾て大化新制に於て、吾々の祖先が時の皇室を煩はし奉つた如き失態を再び繰返し度くないのである」と述べるときの鈴木は、近代社会によって貧富の格差が生じ、それを解消・改善するための社会事業政策を実施しなければ、この先、「デモクラシー」よりもより過激な思想が伝播し、国内で問題を生じさせる可能性があると警鐘を鳴らしたとも言える。こうした思考は、この時期広範に浸透していた。大衆社会状況ゆえに、変化を求める動きであった。
農商務省・鉄道省に勤務し協調会理事も務めて「社会派」官僚として知られた永井亨[18]は国家よりも社会を重視し、「国体そのものは未だ嘗て変革されず国体の観念は常に変遷し国体論も亦おのづから推移する。それは時代の思想が変遷し社会の組織が推移するからである[19]」と述べ、社会の変化に応じて「国体」の中身も変わっていく必要があることを提起している。そして永井は次のように述べる。

明治時代に日本の国家は完全に統一されたけれども、その下に又その中に国民は吸収され社会は没入され、未だよく国民は自覚せず社会は発展せずにゐた、今や国民は自覚せんとし社会は発展せんとしてゐる。けれども、国家は社会化されず、社会は民主化されず、社会としての国家も一体としての社会も国民の意識するところとならない。階級的結合も社会的統一も何等見るべきものがない。動もすれば国体が階級的特徴を帯びて社会的統一を阻止せん具にさへ供されつゝある……

私は信ずる、日本の国体そのものは国体の典型であり、理想の国体であり、謂はゆる君民一体の国体であつて日本の君主国家こそ世界に最も民主的なるものであらうと。それは日本の国体が日本の民族の結晶であり又反映であるからである。それ故に民族本然の社会の上に形作られたる君主国家が民主政体と相俟つてその下に国民国家を構成してこそ日本の国体の精華が発揮されるのであらう近代日本では、社会について民衆は認識しないまま、それゆえにそれを組み込まない形で国家が存在してきた。だからこその問題が生じてきたという。しかし、現況においては「デモクラシー」の移入によって社会が発見された。それを組み入れない「国体」はあり得なく、それによって「国体」は維持できる。彼はここで「国体」を前提とした議論を展開しつつ、状況に応じた変化を求めていた。こうした思考は、世界的な君主制の危機や「デモクラシー」、そして社会主義・共産主義思想の流入という状況のなかで、日本において広がりを持ち、盛んに展開されたのである。

おわりに

ここまでの議論をまとめておきたい。大正期における天皇制再編の要因は、世界的な君主制の危機に対する対応、萌芽的な大衆社会の出現、そして「デモクラシー」という新思潮への対応であった。これらに適応・対応する形で、近代天皇制を再編する構想が展開された。これこそ近代から現代への転形、すなわち天皇制の現代化への構想と見ることができよう。萌芽的な大衆社会に適応するということは、民衆の支持を基盤とする天皇制へと転換させることに他ならない。ただしこの時期の現代化の過程はそれだけにとどまらず、一方で「国体」との適合性が図られていたことも見逃してはならないだろう。

こうした構想のなかで、民衆と天皇（皇室）との「人格」的関係性が強調されることになった。

それは、「デモクラシー」の日本への移入とともに「国体」に関しても正統化する論理として存在した。そして、「デモクラシー」に内包する論理とも関わって、天皇や皇族という「人」そのものへの注目がなされるようになり、大正期には民衆と天皇という、人と人との関係性のなかで新たな天皇制への再編がなされようとした。

【注】

（1）新渡戸稲造『日本人の特質と外来の影響』（『新渡戸稲造全集』第一八巻、教文館、一九八五年所収、四八九～四九四頁、初出は一九二七年）。
（2）新渡戸稲造「新思想を了解せよ」（『東京朝日新聞』一九二一年一月一三日）。
（3）新渡戸前掲『日本人の特質と外来の影響』四八七～四八八頁。
（4）『侍従武官長奈良武次　日記・回顧録』第四巻（柏書房、二〇〇〇年、一一五頁）。
（5）そして天皇制が再編され、天皇の「機関」化はより進行し、政党内閣の首相が実質的な最高決定者となっていく。これは、実質的な天皇の「象徴」化であった。「元首」であっても、天皇は基本的には政党内閣の政策を追認してそれに対して権威を持たせる役目にしかすぎず、内閣の政策に反対することは現実的にはなかった。ただし、単なる「象徴」とするだけでもないことにも留意する必要がある。「元首」として調整する権限は有するような構想がなされていた。
（6）前掲『侍従武官長奈良武次　日記・回顧録』第四巻、一一五頁。
（7）長谷川如是閑「皇室教育の新精神　君主の教育に関する私見」（『日本及日本人』一九一三年九月一日号、六一頁）。
（8）長谷川前掲「皇室教育の新精神　君主の教育に関する私見」六三～六四頁。
（9）長谷川前掲「皇室教育の新精神　君主の教育に関する私見」六八～七二頁。長谷川は「君主といふ身分には一定の仕事が伴つてゐるから、皇室教育は君主に相応する智徳を養ふと共に、君主の身分に伴ふ一定の仕事に対する準備の意味をも勿論含んで居らねばならぬ。此点に於て皇室教育は半職業教育なのである」と主張しているが、天皇を「万世一系」の地位ではなく、機関として意識しているからこそ、こうした発想がでてきたのではないだろうか。
（10）「皇室と国民」（『東京朝日新聞』一九二一年八月二四日）。
（11）「異国文明と我が皇室」（『読売新聞』一九二一年九月八日）。
（12）伊藤之雄『昭和天皇と立憲君主制の崩壊』（名古屋大学出版会、二〇〇五年）、坂本一登「新しい皇室像を求めて」（『年報近代日本研究』20、山川出版社、一九九八年）など。
（13）永田秀次郎「淡路島にて迎へたる東宮殿下」（『日本の堅実性』敬文館書店、一九二四年、二一一～二一四頁）。
（14）一九二一年六月一〇日付「吉田茂発牧野伸顕宛書簡」（国立国会図書館憲政資料室蔵「牧野伸顕関係文書」書翰の部六五九－八）。
（15）前掲『侍従武官長奈良武次　日記・回顧録』第四巻、一二七頁。
（16）しかし奈良は、「予は其左右何れも極端に走ることは賛成せざるも、中道を採り国体は従来の観念を採りつゝ、国民には漸次接近する方皇室安泰の為め適当なりと信じ居たり、宮内官の大部分は略予と同様の感想を持ち居るものと認む、但し四囲の関係上日本の皇室は英国とは異なり、君臨すれども統治せずと言ふが如き言辞を弄することは元より慎み、国体観念としては何等従来と変らざる信念を有せり」と述べる（同前）ように、皇太子が主張する急進的な転換では反発を浴びる可能性があり、漸進的なそれにすべきと考えていた。このように、宮中においては「デモクラシー」に応じた「国体」への再編は必要だと意見で一致はしつつも、どのようなスピードで行うかについては様々な意見が存在した（この点については、河西秀哉「新しい皇室像への宮中の対応」『二十世紀研究』第一三号、二〇一二年、四三～六〇頁を参照のこと）。

（17）鈴木梅四郎『皇室社会新政』（実生活社出版部、一九一八年、二六一～二六八頁）。

（18）永井については、松田忍「永井亨論素描」（『松山大学論集』第二八巻第四号、二〇一六年、二一五～二三七頁）などを参照のこと。

（19）永井亨『日本国体論』（日本評論社、一九二八年、二～七頁）。

第3章

戦時体制と天皇制

はじめに

これまで見てきたように、第一次世界大戦後の世界的な君主制の危機、そして萌芽的大衆社会の成立に伴う「デモクラシー」潮流は、天皇制・「国体」に大きな変化を迫った。新思潮である「デモクラシー」が従来からの「国体」に適合的であると主張されるだけではなく、「国体」が「デモクラシー」に適合的であると強調され、その内容が変容されねばならない状況になったのである。では、それが戦時期にどのように変化したのか。また、どのような天皇制が構想されたのか。本章の課題はここにある。そして、戦時期に構想され変容した天皇制が敗戦後の象徴天皇制にどのようにつながっていくのか。

本章ではまず、マスメディアがこの時期、天皇制をいかに伝えたのかを明らかにする。総力戦体制が進展するなかで、報道も窮屈になり、紙面ページも少なくなるため、天皇・天皇制に関する報道も減少したと思われがちである。確かにその側面はあるだろう。しかし、戦時体制であるからこそ、天皇・天皇制を伝える意味が生じ、皇室記者などが書籍を出版していく。そのなかではどのような天皇・天皇制が描かれたのだろうか。大正期という萌芽的大衆社会を経た上での、天皇制とマスメディアの関係性を戦時期においても追究していきたい。それは、敗戦後の天皇制をめぐるマスメディアによる報道との連続性／不連続性を明らかにすることでもある。

また、こうしたマスメディアには、宮中関係者が登場することも多々あった。彼らは戦時期、天皇や皇族に関するエピソードを強調していく。第2章で検討した元内務官僚である永田秀次郎が、戦時期にはむしろそうした傾向を弱め、曖昧な「国体」を声高に強調していくのとは、正反対の行動とも言える。なぜそのようなことが起こり得るのだろうか。その様相を明らかにしていきたい。

一方で、一九三五年の国体明徴声明後、「国体」は空虚な思想として広がっていくことも事実である。その代表とも言える『国体の本義』の構造を検討しつつ、それの解説書、そして『臣民への道』へと続く「国体」論の意味を明らかにしたい。それによって、総力戦体制のなかでどのような組み替えが行われていたのかが明確となり、そこに敗戦後へとつながる系譜も見出すことができるだろう。

そして、総力戦体制の構築は、天皇制・「国体」の変容を構想する知識人たちを多く生み出した。本章では、特に吉野作造よりもより若い世代の研究者であった、矢部貞治《やべていじ》東京帝国大学教授や高山《こうやま》岩男《いわお》京都帝国大学助教授の構想を中心に検討する。彼らは現実政治にコミットしながら、戦争という状況のなかで新たな構想を展開していく。それは、大日本帝国憲法下での天皇制の矛盾や軋轢をいかに解消するのかという知の営みでもあった。その内容を明らかにし、その構想が敗戦後にどのようにつながっていくのかを考えていきたい。

第一節　天皇・皇族の「人格」と「仁慈」

マスメディアによる強調

第1章・第2章・補論で展開してきたように、第一次世界大戦後に浮上した天皇の「人格」という概念は、その後も継続して展開された。それはまず、マスメディアによる天皇像・皇族像の強調という点から確認できる。ここでは、『東京日日新聞』の皇室記者であった藤樫準二《とがしじゅんじ》を中心に検討していきたい。藤樫は、一九二〇年に『萬朝報』の記者として宮内省担当になった。明治期の宮内省はそれほどマスメディアを重要視していなかったものの、一九一二年の明治天皇の死去時・大正天皇即位時には省内に「菊花クラブ」という記者クラブが誕生し、次第にマスメディアの報道を意識し始めるようになる。第一次世界大戦後の君主制の危機のなかで、裕仁皇太子を大々的に報道していくマスメディアを後押ししたのも宮内省である。藤樫が皇室記者となったのは、こうした時期のことであった。その後、藤樫は『東京日日新聞』へ移籍した後も宮内省担当を継続し、長く皇室を報道する記者として著名となっていく[1]。

藤樫は、昭和に入りマスメディアの報道が窮屈になっていくなかでも、積極的に書籍などで天皇・天皇制について描き、それを公表していった。一九三七年四月には『皇室大観』を出版する。藤樫は出版の意義について、「わが皇室は一視同仁、総ての民草のため幸福を祈らせ給ひ」、その「御仁慈には、常に常に感激してゐると共に、全世界の国民中他に比類なき至幸至福なる国民として大きな悦びに堪へない」。こうした状況のなかで自身が皇室報道に携わっていると、人々から天皇制に関する様々な質問が寄せられてきたという。そのため、藤樫は「皇室と国民の最も関係ある事項」を記し書籍としてまとめた[2]。具体的には、天皇や皇族の人となり、宮城（皇居）の概要、行幸啓や陸軍大演習などの天皇・皇族の仕事、社会事業や民衆との関係性などについて藤樫は詳細に論じている。一九三五年に国体明徴声明が発表され、「国体」は肥大化していた。そうした状況下にあっても、マスメディアは天皇や皇族個人のエピソードを紹介し、人々の天皇制への興味関心を満たすような報道をしていたのである。第一次世界大戦後におけるマスメディアの皇室報道経験が、そうした「国体」の肥大する時期にあっても継続していたと言えるだろう。必ずしも、第2章で検討した永田秀次郎のように、抽象化した「国体」に関する議論を展開するだけではなかったのである。むしろ、この『皇室大観』のように具体的にエピソードを紹介することで天皇の「仁慈」を強調するような書籍も存在していた。

藤樫は同年一二月にも『聖上陛下の御日常』を出版している。それは、日中戦争が勃発し、「我が日本は今、真に挙国一致、重大時局を克服し、国威を発揚すべき時機に直面してゐる」時であった[3]。藤樫はこのなかでも天皇・皇族の日常生活を克明に描いた。しかも、『皇室大観』『聖上陛下の御日常』とともに藤樫が所属する東京日日新聞社が発行しており、マスメディアが会社として天皇像を積極的に人々に伝えていこうとする意図が見える。藤樫は天皇の「仁慈」に関するエピソードや日常を記して次のように述べる。

> 物事をありのままに御覧になり、ありのままにお聞きになり、さうしてありのままに御判断遊ばされ、公明正大に渡らせられることは、御生まれながらの現御神であらせられます。偉大なる御性格、即ち「正義」「人道」「博愛」「平和」を生れながらに有たせ給ふのは、この御代にたつた御一方の　今上陛下であらせらるるのであります……この皇国重大な秋に際して、国家国民のため日夜宸襟を悩し給ふ　今上陛下の御聖徳を偲び奉り、君民一体、挙国一致してこの難局を打開し、以て彌々天壌無窮の皇運を扶翼し奉ることは、吾々国民の使命でありませう[4]

藤樫準二が特別大演習を取材した際に交付された許可証（筆者所蔵）

このように、天皇が模範的な人物であり、国家や民衆のことを常に考える理想的な君主であることが述べられる。そして平和・博愛主義者としての天皇像を強調し、その天皇の意思に応えるためにも私たち民衆が一致団結して国難に立ち向かわなければならない、という旨の主張を藤樫は展開していた。これが日中戦争が勃発した後の時期の言説の特徴である。それまでと同じようなエピソードが展開されても、それによって「民主的」な皇室像が強調される大正期、天皇を模範に戦争遂行に邁進することを主張される戦時期、その違いが見られたのである。また、ここでは、天皇の意思と民衆の主体性喚起ということが結びつけられている状況に注目しておきたい。天皇の「人格」が強調されると同時に、民衆も主体的に戦争に取り組む姿勢が問われるのである。このように、総力戦体制を構築していくために、天皇・皇族のエピソードが紹介されていく、そうした体制が形成されていた。

藤樫はアジア・太平洋戦争開戦後も、一九四二年に『仰ぐ御光』を出版し、天皇や皇后・皇太后に関するエピソードを紹介、その人となりや「仁慈」を強調していく。[5] 彼は出版の意図を、「開闢以来未だ曾て有らざるこの大聖業、即ち大東亜戦争を、われわれ国民は如何にして」戦うのかが現在課題となっており、この戦争の遂行は「大御心に外ならぬのであつて」、「忠誠渝らぬ民草の福祉のために、如何に宸襟を悩ませ給ひつゝあるか、その畏き御聖慮を拝」する必要がある、と述べた。天皇の「御仁慈を垂れさせ給ふ、わが皇室の有難さ、われわれ国民は寸時も忘れてはならぬ」、そのために自分はこのアジア・太平洋戦争中という時期にこうした本を出版したと藤樫は展開する。つまりそれによって、民衆に天皇たちと同じように戦争に取り組むよう求めたのである。ここで天皇・皇族は民衆を戦争に協力させるための、ある種のツールとして利用されていた。

なお、この『仰ぐ御光』は一九四五年三月という、アジア・太平洋戦争の最末期とも言える時期に、より天皇や皇后・皇太后のエピソードが加わった改訂版が発売された。ここでも藤樫は「一億玉砕精神を以て」戦うため、天皇のことをより自分たちは知っておく必要がある、そのように述べた。[6]天皇の「御軫念」や「御仁慈」、「簡素な御日常」を民衆はこの本を通じて知ることで、戦争に主体的に協力することが求められた。また、天皇らのこうした姿を知ることで、民衆と天皇との結びつきがより強固になることを藤樫は主張している。[7]彼が伝える天皇のエピソードによって、「君民一体」の関係性が構築されることが期待されていたのである。それはまさに、この時期の「国体」が強調していた側面であり、藤樫のようなこのマスメディアの営みが、第４章以降で明らかにする敗戦後の象徴天皇制にもつながっていくことになる。

「人格」者としての天皇

藤樫が展開した「人格」者としての天皇像、皇族の博愛主義や「御仁慈」という観点は、この時期他にも多数展開された見方であった。歴史学者で東京帝国大学教授であった辻善之助は、歴史的に天皇が「大革新の先頭に立」って行動してきたことを強調する。[8]辻の議論は民衆と天皇の「人格」的関係性を強調することで、「国体」の精華を示そうとするものであった。ここからは、辻が大正期の「人格」的関係性の議論を踏まえていることは容易に想像ができるだろう。民衆と天皇の「人格」的関係性は大正期以後も継続して強調されていたのである。そして戦時期になると、辻は次のような議論を展開していく。

今の徴兵制度といふものは、皇室と国民の接近親密を図ることについて、上古の制度よりも、もつと立勝つて優れて居るやうに思ふのである……君民一体の親しみは実に他の国では見られないものであつて、我が特有の国体の然らしむるところである。皇室と国民の親しみといふものは、実に我が国体の精華である(9)

ここで辻は、現在の徴兵制度が古代のものよりも優れていると強調している。なぜならば、それによって、「君民一体」を感じさせることにつながるからである。ここには、天皇が軍人に直接呼びかけた軍人勅諭の存在が辻の頭の片隅にあったのだろう。だからこそ、現在の徴兵制度は「君民一体」と言えると考えたのである。そして、そうした関係性こそが日本の「国体」として特筆すべきものと辻は主張した。歴史学者が歴史と現在を比較し、現在の制度こそむしろ民衆と天皇とのあるべき姿と展開した意味は大きい。それによって、現状の総力戦体制こそが理想であるとの意識を強くさせたからである。こうして民衆と天皇とが「人格」的に結びついている総力戦体制期こそが、「国体」の精華を示したものであると称揚された。

こうした問題は、同時期、宮中関係者が皇室の社会事業を宣伝していたことからもかいま見ることができる。前宮内次官であった関屋貞三郎は天皇・皇族の救恤事業・社会事業について、一九三四年に次のような講演をしている。

大正、昭和の時代に至りまして、皇室が如何に社会事業の方面に、御心を注がせられておいでになるかと云ふことは、既に皆さんほご承知の通りで、これは畢竟社会の状態の変化に伴ひまして、社会事業が益々必要になつて来たと云ふことには違ひないのでありますが、皇室に於かせられまして、その社会状態の変化を深く思召になり、色々御奨励が段々多くなつて来つゝあるのであると存するのであります……我が皇室と国民との関係は所謂、義は君臣であつて、情は父子である、と云ふことが、昔から今日まで一貫して居ると云ふことを申上げたいと思ふのであります……皇室と国民との間の救恤或は賑恤の御精神と云ふものは、只物を賜はるとか何とか云ふことだけでなしに、つまり我が天皇は民の父母である、人民は自分の子であると云ふ思想が伺はれるのでありまして、全く此の思想は、我国の皇室と、国民との間の離る可らざる関係を作るのであります(10)

それまでも皇室は社会事業に積極的に携わっていた。そして戦時へと社会が次第に変化するなかで、救恤事業の必要性がより高まり、皇室は積極的にそれに取り組み始めた。なぜ皇室はそうした救恤事業や社会事業に関わるのか。それは次に示した前侍従武官長の奈良武次の講演からもわかるように、民衆と皇室との「人格」的関係性から説明される。

陛下御自身御一人の御為を御考慮遊ばされてのことゝは私は考へませぬ、やはり下万民に対して範を垂れさせられる思召で斯様に遊ばされるものと存じまして誠に畏入つて居る次第でございます。従て吾々国民は是非共此大御心を体して之に御倣ひ申上げなければならないと考へるのでございますが、言ふは易く行ふは難し、之に御倣ひ申すことは余程勇気と忍耐とを振起するのでなければ出来ないと存じます[11]

やはりここでも奈良は、民衆と皇室との「人格」的関係から、皇室の救恤事業の積極性を強調している。そして、天皇・皇族の積極性を民衆自身も感じ、それに「倣」うことを説く。それは奈良だけではなく関屋も同様であった。関屋は一九四三年のラジオ放送のなかで皇后の日常生活と社会事業への取り組みを伝え、次のように話を締めくくった。

最近は天皇陛下、皇太后陛下と御共に時局の上に御心を留めさせられまして、銅、鉄等の資源特別回収の趣を聞召され、御座所近くの御置物、其他御手許の鉄銅の製品を御下渡しあらせられて、率先御垂範をお示し遊ばされたるが如き、深く恐懼いたす次第であります。我々銃後の国民としては、此の思召を奉戴して、物資の有効利用に心がくるは勿論、各家庭に於ても、出来得る限り、政府の方針に従って銅鉄等の資源を提供して、戦争遂行に遺憾なからしむるやう、心掛けなければならぬと思ひます[12]

ここからは、天皇・皇后が戦争の遂行のために自身の日常生活を犠牲にし、物資を供出している姿が強調される。そして、そうした天皇・皇后の姿を見た私たち民衆は、同じように積極的に物資を供出し、戦争遂行に役立たなければならない、そうした論理を展開していったのである。つまりここからは、民衆に国民としての主体化を求め、積極的に戦争へ参画することが重要視される論理が用意されていた。

このような宮中関係者による天皇・皇族の「御仁慈」アピールとそれを基にした民衆への戦争協力の要請という取り組みは、他にも見られた。宮内省御歌所寄人の千葉胤明は、一九三九年に「皇太后陛下の御仁徳」という文章を発表している。[13]宮内省御歌所に長年勤めてきた千葉は、ここで皇太后の日常生活を詳細に紹介した。そして、ハンセン病患者への取り組みなど、皇太后が常に「御仁徳」を持って公務に取り組んでいると述べ、「私共がこの御恩に報い奉る道は、今上陛下に対し奉り忠良なる臣民として、その本分を全うすること」だと説く。この文章は女性向けの雑誌に掲載されたこともあり、千葉は銃後を守ることを特に強調した。彼は皇太后の「御仁慈」を人々に示すことで、民衆特に女性に対して同じような振る舞い、それはつまり戦争に主体的に取り組むことを求めたのである。

千葉はその後も同様の文章を発表していく。彼のように皇族と直に接することができる立場から天皇や皇族の姿を人々に伝えるのは、先の関屋や奈良と同様であり、この時期の宮中関係者が積極的に行っていたと思われる。千葉は皇太后が日中戦争勃発後、兵士などに包帯を送り、戦傷病者を慰問したエピソードを紹介し、民衆のことを思い寄り添う姿を人々に伝えようとする。[14]こうした「御仁慈」を印象づけようとしたのである。アジア・太平洋戦争開戦後も、その姿勢に変化はない。一九四一年の歌会始（題は漁村曙）で皇后が詠んだ「いさり舟いまかへるらしいらみゆく　沖をながめて海人の立つ見ゆ」という歌を、漁船で働く人々を海辺で待つ家族の心境と解説しつつ、これが兵士として男性が戦場で戦っていることを銃後で待つ女性の姿と結びつける。[15]そして、千葉はこうした皇后の意思に沿うためにも、民衆に銃後の守りを固めるよう求めたのである。

このように、昭和戦前期、日中戦争の勃発からアジア・太平洋戦争の開戦など、「国体」なるものが大きな力を持ち人々を拘束していった時においても、大正期と同様に、天皇や皇后・皇太后などの皇族の「人格」を表出させ、彼らの「御仁慈」を強調する言説は継続していた。その論理は、民衆と天皇の「人格」的関係性や結びつきを強調し、「君民一体」の「国体」を構築するためだけではなく、天皇や皇族の振る舞いに応えることが民衆に求められ、人々を戦争へと主体的に取り組ませるものへと帰結していったのである。

第二節　「国体」論の再編

『国体の本義』の構造

一九三五年、天皇機関説排撃事件のなかで岡田啓介内閣によって、国体明徴声明が二度も発表された。これによって美濃部達吉の天皇機関説は「国体」の本義に反するとされ、公的な空間から排除されていった[16]。同年、政府は文部大臣を会長とする教学刷新評議会を設置し、その答申に基づいて一九三七年五月に文部省は『国体の本義』を刊行する。

この『国体の本義』はまず、近代日本に入ってきた「西洋個人本位の思想」によって、「民主主義・社会主義・無政府主義・共産主義等の侵入となり、最近に至つてはファッシズム等の輸入を見、遂に今日我等の当面する如き思想上・社会上の混乱を惹起」したと述べ、西洋的な自由主義・民主主義の基礎としての個人主義を排除した[17]。現況の日本社会の混乱・混迷を、すべて西洋から移入してきた思想のせいと断定したのである。そして、『国体の本義』のなかで日本の「国体」の独自性が提起されていく。

大日本帝国は、万世一系の天皇皇祖の神勅を奉じて永遠にこれを統治し給ふ。これ、我が万古不易の国体である。而してこの大義に基づき、一大家族国家として億兆一心聖旨を奉体して、克く忠孝の美徳を発揮する。これ、我が国体の精華とするところである[18]

このように、「万世一系」の天皇制が強調され、日本は皇室を宗家とする「一大家族国家」と高らかに謳われた。それこそが日本の「国体」の根本であると述べる『国体の本義』からは、第2章で述べたような「デモクラシー」との融合を図った姿を見ることはできない。明治以来の「国体」論[19]がここで復活したとも生き続けていたとも言える。そして「我等は、生まれながらにして天皇に奉仕し、皇国の道を行ずるものであつて、我等臣民のかゝる本質を有することは、全く自然に出づるのである」「我等の祖先及び我等は、その生命と流動の源を常に天皇に仰ぎ奉るのである[20]」と提起されることで、天皇との関係性は疑うことのない、日本人としては当然な超自然的現象として印象づけられた。「君民一体」が強調され、民衆と天皇の関係性は強固なものと捉えられた。ここでは大日本帝国憲法第一条の「万世一系」こそが「国体」であると展開され、第四条の「此ノ憲法ノ条規ニ依リ」天皇が「統治権ヲ総攬」するという側面は排除されていた。これこそが、天皇機関説が排撃された後の「国体」の論理であったと言える。

それゆえ『国体の本義』では、大日本帝国憲法について「君民共治でもなく、三権分立主義でもなく法治主義でもなくして、一に天皇の御親政である」と述べられ、西洋的な法治主義・政治原則は一切否定された解釈が提出されることになる。[21]「現人神」である天皇が親政し、議会はその翼賛機関となる。民衆は天皇の意思に従って忠孝を尽くす存在と位置づけられたのである。それこそがこの時期の「国体」であった。

このように西洋的な立憲主義が否定された一方で、『国体の本義』は「結語」で次のように述べて、それまでと矛盾した論理を展開していく。

今や我が国民の使命は、国体を基として西洋文化を摂取醇化し、以て新しき日本文化を創造し、進んで世界文化の進展に貢献するにある。我が国は夙に支那・印度の文化を輸入し、而もよく独自な創造と発展とをなし遂げた。これ正に我が国体の深遠宏大の致すところであつて、これを承け継ぐ国民の歴史的使命はまことに重大である。現下国体明徴の声は極めて高いのであるが、それは必ず西洋の思想・文化の醇化を契機としてなさるべきであつて、これなくしては国体の明徴は現実と遊離する抽象的のものとなり易い。即ち西洋思想の摂取醇化と国体の明徴とは相離るべからざる関係にある[22]

ここではむしろ、積極的に西洋文化を取り入れていく姿勢が表明されている。日本の「国体」は世界の文化に対しては寛容であり、そうしたものを包容する意識があった。西洋と日本は対立するものではなく、むしろそれを取り入れることで「国体」は「現実とは遊離」せずに存在し続けたと展開されている。これは、「デモクラシー」を組み込んだ上での「国体」を構築しようとする大正期の動向と同様であろう。つまり、『国体の本義』には、日本の「国体」を称揚しつつも、西洋文化やそれに基づく法治主義・立憲主義を排除する思考とそれをむしろ摂取して取り込もうとする思考が奇妙にも同居していたのである。このようになってしまった理由として、『国体の本義』の編纂委員が多様な思想を持った人々から構成されており、意思統一が困難であったことなどが考えられる。(23) それは、明治以来の「国体」論と第一次世界大戦後に新たに形成されていた「国体」論との差異であったとも思われる。総力戦体制期、その二つが『国体の本義』という本のなかで互いに整合性が取られないままに併存していたのである。

総力戦体制と「国体」

とはいえ、この『国体の本義』は天皇機関説排撃事件後の状況にあって、一定程度の支持を得ていた。「国体」を強調する論者たちはこの本のなかで展開されていたある種の矛盾よりも、自然的な「君民一体」の「国体」の部分を強調し、そうした感覚が世に跋扈していくようになる。しかし、批判も多かった。革新右翼や議会はその非科学性を、京都学派からはその空虚さが批判された。また、平泉澄のように「国体」は自然的な関係性によってではなく民衆の主体的な修練が必要であるとの提起もなされていく。(24) 特に平泉の意見は、総力戦体制というこの時期の状況に適応しているものであった。それぞれの人々が戦争に積極的に参画することを求めたこの体制では、日本人であるから自然に天皇との関係性が構築されるという論理よりも、自らが主体的に修練すること、すなわち天皇を民衆が自ら求めることで関係性が構築されるという論理のほうが適合的であった。

このように『国体の本義』には様々な批判が寄せられた結果、政府はそれへの対応を展開していく。文部省は一九三七年一二月以降に『国体の本義解説叢書』の刊行を開始し、『国体の本義』で展開した「国体」を補強しつつ、次第に修正していった。このなかでは、「西洋文化を摂取醇化」するという側面はほとんど現れず、「万世一系」の皇室を根拠とした明治以来の「国体」論が前面に押し出された。例えば、「日本国家の本質たる天壌無窮の皇運は、実に万世一系の天皇の大御心のうちに生き、皇祖以来、歴代天皇に奉仕してゐる日本国民の信念及び情操のうちに動きつゝある」[25]と述べて、日本人であればそれは自然に身についているものであると強調する解説書もあった。また、国民精神文化研究所所員の紀平正美は、こうした自然に身についた「国体」を守るためにも民衆は戦争に参画すべきとの意見を解説書に記している。[26]そこに疑問を挟む余地はなかった。

しかし、この『国体の本義解説叢書』も刊行を経るなかで次第に論調が変化し始める。経済学者の作田荘一建国大学副総長による『我が国体と経済』では、「万世一系」の「国体」を前提としつつも、「国の経営」に天皇が積極的に参画してきた歴史が言及され、全体的に天皇は経済政策の指導者であることが強調された。[27]第一節で検討した辻善之助も解説叢書執筆に加わっており、そのなかで歴代天皇の事績を説明し、日本文化を発展させるために主体的に行動した（辻はそれを「聖徳」

と述べる）人物として捉えた[28]。つまり、「万世一系」は前提としてありつつも、歴代の天皇は積極的に行動する人物として、道徳的な模範行為を行ってきたがゆえに民衆からの尊敬を得、「国体」が構築されているとの論理が展開されていた。天皇が「人格」者だからこそ「君民一体」という日本の「国体」があるという思考は、天皇の後天的な努力の必要性が前提とされている。これは、総力戦体制においてそれぞれの主体的動きが要求されるという点と軌を一にしていた。こうして「君民一体」の「国体」を構築し、そうした天皇の振る舞いに応えることが民衆に求められ、人々を戦争へと主体的に取り組ませるものへと帰結していったのである。

文部省が一九四一年に刊行した『臣民の道』も、そうした方向性の延長線上で編纂された書籍である。「万世一系」の皇室に基づく家族国家観が前提とされながらも、総力戦体制のなかでいかに「国体」を位置づけるのかが言及されている。

なほ未だ国民生活の全般に亘つて、国体の本義、皇国臣民としての自覚が徹底してゐるとはいひ難きものがある。ともすれば、国体の尊厳を知りながらそれが単なる観念に止まり、生活の実際に具現せられざるもののあるは深く憂ふべきである[29]

ここでは、自然的な「万世一系」の「国体」は所詮「観念」であると述べられている。そして、「生活の実際に具現」するように、民衆はより主体的に「自覚」する必要性が問われた。ここでも総力戦体制の構築という現状の課題に、「国体」が沿っている様子を見て取れる。日本人ならば自然に「君民一体」の関係性ができあがっているという論理ではなく、民衆は天皇と同じように努力をして、その関係性を構築していかなければならないのである。第一節で述べたように天皇の「人格」が浮上し、その「御仁慈」が強調されるのは、それに応える民衆の存在が意識されていたからであった。そのように主体的に行動する民衆こそが、積極的に戦争にも参画する存在になり得ると考えられたのである。

新時代の皇国臣民たるものは皇国臣民としての修練を積まなければならぬ。即ち、国体の本義に徹し、皇国臣民たるの確固たる信念に生き、気節を尚び、識見を長じ、鞏固なる意志と旺盛なる体力とを錬磨して、よく実践力を養い、以って皇国の歴史的使命の達成に邁進すること、これ皇国臣民として積むべき修練である。この修練を重ねてこそ、臣民の道が実践せられ、大東亜共栄圏を指導すべき大国民としての風向が作興せられる[30]

『臣民の道』では「皇国臣民としての修錬」という節を設けて、こうした主張を繰り返した。アジア・太平洋戦争が「大東亜共栄圏」の建設を目指していると謳っていたことから、民衆にはそうした新しい時代にふさわしい「臣民」として「修錬」することが求められた。戦時体制が構築され展開するなかで、「国体」も再編成が行われていったのである。

以上のように、国体明徴声明後、「国体」の風は急速に世間に広がり、『国体の本義』の刊行へと至った。しかしその中身は、必ずしも統一されたものではなく、明治期以来の自然的な「国体」論と大正期以降の主体的な「国体」論が併存していた。建前では前者が強く支持されていたかもしれない。しかし総力戦体制構築という現実課題のなかで、民衆の主体的な動きが求められつつあったことが、後者の「国体」論を消し去らずにむしろ強くすることにもつながった。そのため、『国体の本義解説叢書』も次第にそうした方向性の記述が増え、『臣民の道』ではむしろ主体的な「修練」を求める主張が展開された。総力戦体制期の「国体」はむしろ大正期との連続性のなかで形成されたものであった。

第三節　総力戦体制構想のなかの天皇制

矢部貞治による「共同体的衆民政」

総力戦のなかでは天皇制もやはり再編成が構想されていく。ここでは主に二人の知識人の言説からその構想を明らかにしていきたい。

政治学者の矢部貞治東京帝国大学助教授は、一九二〇年代、ポスト吉野作造後の「デモクラシー」研究の旗手として知られていた。彼は一九二〇年代後半から三〇年代前半の論文のなかで、師である小野塚喜平次による「デモクラシー」の訳語「衆民政」を「国民の大部分が政治の原動力たるべく組織されたる政治制度」と定義しつつ、国民の意思の重要性を提起していた。ただし、個々の意思は自由に発露されるものではなく、それを体現した少数指導者による集中的権力によって発揮される制度でなければならないと考えていた(31)。これは大正期の萌芽的大衆社会の経験が前提にあったものと思われる。詳しくは後述する。こうした矢部の思考は、第１章で検討した吉野の論を受

矢部貞治

け継いだものであった。矢部は天皇制の存在を前提としながら、「デモクラシー」をいかに現代に構築していくのかを目指した。この矢部の見解は「共同体的衆民政」として概念化されていく。

ところで矢部も、吉野と同様に、自身の「衆民政」と「国体」をいかに接合させていくのかに腐心していた。

> 衆民政は、決して法学的人民主権や社会契約説的天賦人権の原理に立つのではなく、寧ろかの原始共同体に於ける共同「表現」原理、神代日本の八百万神の自治、十七ヶ条憲法に所謂「大事は決断すべからず、必ず衆と共に宜しく論ふべし」、五ヶ条御誓文に所謂「万機公論に決すべし」の、即ち一君万民の共同体原理こそ、その根基である(32)

ここで矢部は、「デモクラシー」=「衆民政」が「国体」と合致する概念であることを歴史を説き起こすことで強調しようとした。次第に「国体」が膨張して世間にはびこるなかで、矢部は「共同体的衆民政」がそれとは反しないことを強調しなければならなかった。とはいえ、日本主義者による観念的な「国体」論とは一線を画し、それについては批判を展開していく(33)。矢部は日本の「国体」は「万物を包蔵し、万物を生み出す所の「無」であり、凡ゆる文化内容を包容し得るが故に、又無窮の発展性をも内包する所の、絶対超越の形式なることを忘れてはならない」と提起した[34]。排除するのではなく、様々なものを包み込むことこそ、日本の「国体」の特性であると説く矢部の姿は、第二節で述べた『国体の本義』の「結語」と同じ姿勢のように思われる。つまり、西洋文化・思想をも取り込み自身のものにするという意であり、それらを独善的に排除する日本主義者の「国体」論を批判することでもあった。

そして、民衆各階層の様々な意見を止揚し、それを結びつける「絶対超越」の必要性を矢部は説いた。ここで矢部は、共同体においては一体性を自覚させる統合機能が必要であり、それは「非合理的な伝統的権威」に基づくべきだと考えていた。まさにそれこそ天皇であった[35]。天皇による統合によって、共同体構成員の調和を図ろうと思考していたのである。こうした矢部の「共同体的衆民政」は精神右翼から執拗な攻撃を浴び、「国体」との関係性をより慎重に考えていくようになる[36]。そして矢部は、「東亜新秩序」という現実課題のなかで、「一元的指導意思」の樹立を強く強調していくようになった。

矢部は大正期以降の「デモクラシー」の系譜を、総力戦体制構築という時代状況のなかで読み替えたと言える。「国体」との適合を図っていく姿は、吉野作造以来の「デモクラシー」の立場からのあり方とも考えられる。しかし一方で、矢部は大衆社会を経験したがゆえの矛盾、大日本帝国憲法が抱えていた課題、そして近代という時代の問題の克服を目指していた。この点については詳しくは後述したい。

近代の克服

京都学派が「世界史の哲学」を主張したことは著名であるが[37]、その若手の哲学者であった高山岩男京都帝国大学助教授は、日本の侵略やアジア・太平洋戦争を正当化するなかで次のような論理を展開していた。

現代国家の新しい理念は、近代国家の古い理念とは異なるものに求めなければならぬと共に、更に国防以上の何ものかに求められるのでなければならぬ。

我が国において国家の新体制が必須とせられる所以は、以上のやうな現代世界史の内面的欲求に存するのであるが、併しその体制は単に世界的一般性に基くのみでなく、我が国独自の特殊性を有するものであることが必要である……我が国の国家の新体制が我が国固有の国体に則るものでなければならぬが、それが過去のそれと異なる新体制として現代国家を目指すものである以上、その現代的内実は現代世界史の普遍的要求の基くものでなければならぬ[38]

ここでは、西洋近代の社会秩序の矛盾を克服するために、現代国家（新体制）を構築する必要性が説かれている。そしてその新体制を「国体」といかに適合的に形成するかが課題とされる。高山の問題意識は、近代国家が民衆諸階層の激しい対立を生み、様々な諸矛盾を抱えていることにあった。その解消を目指すための現代化を日本が率先してすべきだと彼は主張し、そのなかに「国体」という要素を含み込ませた。「国体」に適合的でなければ、自らの構想は共産主義や社会主義として排撃される危険性があったからである。

そこで高山は民衆と天皇・皇室を結びつける論理を展開させ、それが「我が国は天孫降臨の神勅に示されてゐる如く、万世一系の天皇の知ろしめされる国であつて、このことは兵馬の権が武門に帰した武家政治の時代にも、なほ根本において変りがない」と歴史的関係であることを強調する。そうすることで、新体制が日本においては必然であるかのように説く。しかも高山にとって、新体制における天皇は、「倫理・権力の対立を一歩超越した」存在でなければならなかった[39]。

我が国の政治史を一貫する精神は、種の私的意志の出現とその独立的強力化とを排除し、国民ひとしく天皇の赤子として御稜威に光被せられ、皇室と国民との間に直接的結合を実現しようとする精神である……現今、新体制が要求せられるのは、議会制度とその運用に内在する私的党派的意志の自覚に発するが、それにかはるべき新しいものにも、また私的意志が介入することは可能である。要するに、すべて種に伴ふ私的意志の否定、即ち私を滅して「おほやけ」に奉仕する自己否定の精神が、国民の政治における指導精神をなすのである[40]

高山岩男

高山はこのなかで、民衆と天皇・皇室との関係性を「直接的結合」として強調しつつ、党派対立を止揚するための天皇の存在を構想した。ではなぜ、彼がここまで民衆間の対立という事態を想定し、それを止揚するための天皇制を構想しているのだろうか。ここで、高山と問題意識を共有していた矢部貞治の思想からその問題が明らかとなる。

矢部は「国体」や天皇制について、「万世一系の　天皇に統治せらるる日本の国体は、肇国以来連綿不易の中心として、日本国民の全生活の絶対的帰一点をなし、日本国民は全人格を没して之に帰一することを、その不動の信条とする。而して絶対的中心人格に在します　天皇と全国民との間には、本源的生命的な一体関係が存し、上より下さるる遍き愛民の御仁愛と、下より捧ぐる忠誠奉公とは、正しく日本政治の精華である[41]」と言及している。これは一見すると、非常に伝統的な「国体」論のようにも読み取ることができよう。しかし矢部の構想は、高山のそれと同様に現代化という命題が意識されており、そのために「国体」論を利用したのである。

新しい国民組織に於ける職能団体組織は、かかる従来の自由主義営利主義を超克し、国家公益の優先を指導原理とし、経済も文化も、凡て国家公共の為に奉仕すべき公けの職能として之を組織し、而も国民の自発的創意を積極的に尊重育成して、その要望を国家の経済政策と文化政策の企画乃至樹立の中に反映せしめ、一度樹立せられた国策は、この組織を通じて、国民生活の末梢に至るまで、一貫せる方針の下に行渡らしめることを、目標とするものである[42]

ここで、矢部があらゆる職能集団による政治参画を目指していることに留意する必要がある。つまり矢部の議論の前提には、民衆の政治的・社会的権利獲得を目指す大衆社会の出現状況があった。大正期、政治的・社会的権利への参画を目指して活発化した諸階層が存在していた。戦時期には、彼らの存在を無視しては国家的意思の形成・総力戦の遂行が成り立たない社会へ進展していたのである。彼らを組み込んだ上で、新たな国家意思決定システムを構築しなければならない[43]。しかし多くの階層をこれまで以上に組み込めば組み込むほど、諸階層による利害が噴出し、その間の対立が激化する可能性は十分にあり得た。そこで矢部は、参画の規模は拡大しつつも執行権を集中させることを目指した。それは、権力が分立した状態であった明治憲法体制、言い換えれば近代天皇制を現代天皇制へと再編することにつながる。矢部の構想は、近代日本の天皇制を変革させるものであった。

大衆国家の必然的要請は、前時代に於ける如き権力の分散、牽制、均衡ではなく、寧ろ権力の集中統合にあり、自由なる対立や競争ではなく協同と組織化にあり、国家指導、国家精神、国家機能、国家財政の劣弱とその最小限ではなく、反対にその豊かさと強さと最大限にあり、立法府の万能ではなく寧ろ執行権の集中強力にこそある[44]

ここからは、矢部の、一元的な政治指導、民衆の総力結集による組織統合、国家的意思の発動の集中化、社会経済的格差の是正という構想を見ることができる。萌芽的な大衆社会の出現によって自立化した諸集団のエネルギーを国家的意思に組み込むことは、昭和期には大きな課題となった。ましてや総力戦体制は人々の主体的行動を強く求める体制である。エネルギーはより強くなっていた。しかし一方で、多くの集団を国家的意思形成に参画させるほど、それまで以上に諸集団の対立が生まれる危険性が高まる。国家意思決定という観点からは、それは避けるべき状態であった。そのために、権力分立型の近代天皇制から権力集中型の現代天皇制へと移行させる必要が生じたのである。

しかしこうした権力集中は、民衆と天皇の間に「幕府」的機関が存在する（つまりは「君民一体」や「一君万民」を阻害する中間勢力の存在）こと、そして天皇の実質的機関化＝「象徴」化という危惧を生じさせることになる。そこで矢部は、次のように述べて慎重にそれらの排除を試みた。

輔翼の意思は多元的でも、聖断は唯一であることが国体政治の原理であると信ずる。翼賛の意思に異るものありとすれば、それこそ聖断を仰いで、一度び聖断の下されたときは、凡ての臣僚が「承詔必謹」の大義に帰一することが、日本政治の姿でなければならぬ。輔弼者はあくまで輔弼者であつて統治者ではない。従つてナチスに於ける如く国家の元首が同時に一国一党の党首たるのとは、根本的に異にし、又ファッショ・イタリーに於ける如く、国王の地位が「機関」たるものとは根本的に異るのである(45)

繰り返すが、矢部にとって、大衆社会の帰結として様々な諸集団に政治参画を求め、それによって国家としての統一性を希求することこそ戦時体制の円滑な構築につながった。しかし一方で、これまで以上に多くの諸集団が国家的意思形成に携わることは、より多くの階層対立を生む危険性を孕んでいた。そこで、それらからは超越した統一性という存在が浮上してきたのである。

その統一性こそ、日本においては天皇であった。天皇や「国体」の絶対性を強調すれば強調するほど、多元的な国家意思決定機関の統一的位置にそれらを置くことができたのである。そして、天皇は「人格」的でなければそうした統一・調整者たり得ない。ここでも天皇の道徳性が強調された。つまり矢部にとって、天皇制・「国体」は現代化を推進するための「ツール」であったとも言える。近代から現代への移行を展開させるために、天皇・「国体」の絶対性を彼は展開していったのである。

こうした矢部の構想はその後も徹底していた。敗戦が必至となった一九四五年、終戦工作を試みた矢部は次のように日記に書き記している。

僕の考へは、こゝまで来れば、勝敗を度外において、真に理想の総力戦体制を確立することが、唯一の勝つ途であり、たとへ武力戦に敗るゝとも将来の日本の再出発のための一大礎石を築くことになるといふにある。国内の分裂を現状のまゝにし、陸軍と海軍、政略と戦略、各省の割拠そして政治と国民との乖離をこのまゝにして敗れたら、これこそ惨めな敗北であり、日本の将来に望み薄しと言はざるを得ぬ。真の国民共同体の礎石をおくことこそ、窮局に於て勝つ途と考へる。国内の分裂を前提としてその分裂を利用することにより皇室を救はんとする考へ方では、皇室を国民から分離し、日本将来の一致団結のため致命的誤謬と言はねばならぬ(46)

矢部はここで、天皇制護持を最も重要な課題として終戦工作を行っていた南原繁東京帝国大学法学部長らを批判している。矢部にとっての第一義は天皇制の維持ではなく、日本の共同体としての一致であった。天皇制・「国体」は至上命題ではなかった。矢部にとって、多元的・分立的国家意思形成という近代天皇制を克服すること、すなわち現代化こそがその最大目標だったのである。

おわりに

昭和戦前期の天皇制や「国体」についてまとめておきたい。この時期は総力戦遂行のため、民衆各層の結集・権力分立の克服が大きな課題となった。大正期の萌芽的大衆社会の出現は多くの人々・集団を自立化させ、昭和期になるとそれを国家意思決定に携わらせる必要が生じたのである。言い換えれば、「デモクラシー」がより強く徹底されようとしたからこそ、そうした課題が浮上したとも言えるのである。しかしこれまで以上に多くの集団を意思決定に含めることは、諸集団の対立をより生じさせる危険性が増すことでもある。それゆえに高山や矢部は格差の是正とともに権力の集中化を企図し、その統一性を示すものとしての天皇の存在に注目したのである。

また総力戦遂行のためには、民衆個々の主体性が必要となってくる。そこで民衆と天皇・皇族との「人格」的結びつきが強調され、そして天皇の主体的行動や「御仁慈」が宣伝されることを通じて、民衆の主体的な戦争への参画が当然視されていくことになる。マスメディアも、萌芽的な大衆社会の経験を活かしながら、戦時期も試行錯誤しながら報道を繰り返した。それは大衆動員のツールでもあった。

天皇機関説排撃事件や国体明徴声明後、「国体」論は世間を跋扈した。日本主義者などによる伝統的な「国体」論の広がりは大きかった。『国体の本義』の刊行はそうした動向の結晶とも見える。

しかしその中身を丁寧に読むと、伝統的な「国体」論だけではなく、大正期に展開された新しい「国体」論も併存していた。そして、伝統的な「国体」論は総力戦体制という命題の下では対応しきれない部分も多かった。それゆえに批判が噴出し、その後刊行された解説書では、天皇の指導的立場などが記される。つまり、「人格」的な天皇はここでも登場した。そして『臣民の道』では、民衆は主体的に「国体」を構築していく必要が説かれる。まさに、総力戦に携わる「臣民」として位置づけられていた。

このように、昭和戦前期の天皇制や「国体」の現代化とも言えるような過程は、総力戦遂行のためという大きな命題の下に、構想されて展開していったのである。

そして、こうした動きによって、民衆と天皇との結びつきがそれまで以上に強調されたことをまず確認しておきたい。「君民一体」「一君万民」という概念が高唱され、それが戦争遂行のための原動力と考えられた。総力戦体制下においては、概念的には民衆と天皇の距離が最も近いことが望ましいと構想されたのである。この構想こそ、敗戦後へと継続していくのではないだろうか。

また、天皇の「人格」や「御仁慈」が強調されたことも重要であろう。「国体」という「無」とも言えるような茫漠なものではなく、具体的な天皇その人に人々の注目が集められた。マスメディアによって伝えられた天皇・皇族の「御仁慈」によって、天皇は道徳的存在として捉えられていく。共同体の統合者として矢部が構想したことも、天皇がそうした存在たるからこそ、機能するものであった。こうした総力戦体制期の構想・経験が、象徴天皇制形成への議論の土台にあったのである。

その点は次章でより詳しく検討したい。

【注】

(1)『サンデー毎日』一九七四年六月二日号、一一六〜一一七頁、『週刊朝日』一九七四年五月三一日号、三五〜三七頁。

(2) 藤樫準二『皇室大観』(東京日日新聞社、一九三七年、一〜四頁)。

(3) 藤樫準二『聖上陛下の御日常』(東京日日新聞社、一九三七年、一〜四頁、東京日日新聞社・大阪毎日新聞社による「謹刊の言葉」より)。

(4) 藤樫前掲『聖上陛下の御日常』七九〜八二頁。例えばこの本のなかでは、天皇が祭祀を重要視している話が紹介されている。なぜ天皇は熱心なのか。藤樫は「只管国家の安泰と国民の多幸を御祈念あらせられるのであります」(九頁)と述べ、天皇は自身のためではなく国家国民のために常に仕事を行っていることを強調する。またこの本では、天皇の日常生活がいかに「簡素」であるかもたびたび言及された(六九頁)。藤樫は、このような「道徳」的な天皇像を世に伝播させようとしていたのである。しかし皇室記者はこの時期、天皇に近づき直接取材することなどはできなかった。こうした日常の様子は、側近や宮内官僚によって伝えられたものであり、彼らとの共同作業によって天皇の日常が公表されていたと言える。

(5) 藤樫準二『仰ぐ御光』(大道書房、一九四二年)。

(6) 藤樫準二『仰ぐ御光(改訂版)』(櫻菊書院、一九四五年、二頁)。

(7) 藤樫前掲『仰ぐ御光(改訂版)』三四一〜三四六頁。

（８）辻善之助『日本人の博愛　日本の皇室の社会事業』（金港堂、一九三四年、二八～四一頁）、
（９）辻善之助『修訂　皇室と日本精神』（大日本出版、一九四四年、二七〇頁）。
（10）関屋貞三郎『皇室と社会事業』（中央社会事業会、一九三四年、二三～四七頁）。なお、関屋のこうした活動については、茶谷誠一『昭和戦前期の宮中勢力と政治』（吉川弘文館、二〇〇九年）が詳しい。
（11）奈良武次『御側近に奉仕して』（中央教化団体連合会、一九三七年、三四～三五頁）。
（12）関屋貞三郎「皇后陛下の御日常」（国立国会図書館憲政資料室蔵「関屋貞三郎文書」所収）。本資料は一九四三年二月六日のラジオ放送の原稿である。
（13）千葉胤明「皇太后陛下の御仁徳」（『婦人倶楽部』一九三九年六月号、六二～六五頁）。千葉の文章は御歌所寄人らしく、皇太后の御製を解釈しながら日常生活の心情を読み取って説明していくところに特徴がある。
（14）千葉胤明「皇太后陛下を仰ぎ奉りて」（『祖国』一九四一年八月号、三四～三九頁）。
（15）千葉胤明「御歌に拝す皇后陛下の御坤徳」（『婦人倶楽部』第二三巻第一号、一九四二年、三六～三七頁）。こうした千葉の姿勢は、子ども向け雑誌でも展開されており、皇后や皇太后の思いを御製から読み取り、人々はその意思に沿うために行動すべきとの主張がなされていった（千葉胤明「皇太后陛下の御歌を拝し奉りて」『少国民之友』第一九巻第三号、一九四二年、五五～五九頁）。
（16）増田知子『天皇制と国家』（青木書店、一九九九年、二五九～二九六頁）。
（17）文部省編纂『国体の本義』（内閣印刷局、一九三七年、五～七頁）。
（18）前掲『国体の本義』九頁。こうした絶対的な帰依にも近い「国体」への感覚が述べられる一方で、その後の記述のなかには記紀神話時代を含めて天皇の「御仁慈」が展開されてそうした行為に「聖徳」が感じられる旨などが展開されており、後者はそれぞれの天皇の「人格」や行動を評価するゆえに民衆は天皇制を支持・尊敬するとの論理構成になっている。
（19）昆野伸幸「近代日本の国体論」（『近代』第一〇六号、二〇一二年、三七頁）、川口暁弘「国体と国民」（鵜飼

政志・川口暁弘編『きのうの日本』有志舎、二〇一二年、一五四～一五八頁)。
(20) 前掲『国体の本義』三二～三四頁。
(21) 前掲『国体の本義』三二～三四頁、昆野伸幸「戦時期文部省の教化政策」(『文芸研究』第一六七集、二〇〇九年、六五頁)。
(22) 前掲『国体の本義』一五五頁。
(23) 昆野前掲「戦時期文部省の教化政策」六六頁。
(24) 昆野伸幸『近代日本の国体論』(ぺりかん社、二〇〇七年)、同「近代日本における祭と政」(『日本史研究』第五七一号、二〇一〇年、一一七～一四〇頁)。
(25) 河野省三『我が国体と神道』(内閣印刷局、一九三九年、一～二頁)。河野は國學院大學学長で神道学者。
(26) 紀平正美『我が国体に於ける和』(内閣印刷局、一九三八年、八五～九二頁)。
(27) 作田荘一『我が国体と経済』(内閣印刷局、一九四〇年、一四～一五頁)。
(28) 辻善之助『御歴代の聖徳に就いて』(内閣印刷局、一九四〇年)。
(29) 文部省編纂『臣民の道』(内閣印刷局、一九四一年、一～二頁)。
(30) 前掲『臣民の道』五九～六〇頁。
(31) 矢部貞治「制度としての衆民政」(『国家学会雑誌』第四二巻第三号、一九二八年、六三頁)、源川真希『近衛新体制の思想と政治』(有志舎、二〇〇九年。一六～二二頁)。矢部の「共同体的衆民政」については、波田永実「矢部貞治における「共同体的衆民政」論の形成(一)(二)」(『流経法学』第一巻第一号・第二巻第一号、二〇〇二年)、大谷伸治「矢部貞治の衆民政論と国体論」(『史学雑誌』第一二四編第二号、二〇一五年)、同「矢部貞治と南原繁」(『史流』第四五号、二〇一五年)などを参照。その他、矢部の思想については、伊藤隆『昭和十年代史断章』(東京大学出版会、一九八一年)も参照のこと。
(32) 矢部貞治「現代日本主義の考察」(『理想』一九三四年一号、一二二頁)。

(33) 大谷伸治「昭和戦前期の国体論とデモクラシー」（『日本歴史』第七七七号、二〇一三年、七五頁）。
(34) 矢部前掲「現代日本主義の考察」一九頁。
(35) 大谷前掲「昭和戦前期の国体論とデモクラシー」七七〜七八頁。
(36) 伊藤前掲『昭和十年代史断章』、井上義和『日本主義と東京大学』（柏書房、二〇〇八年）。
(37) 米谷匡史「「世界史の哲学」の帰結」（『現代思想』第二三巻第一号、一九九五年）など。なお、前述の『国体の本義』から『臣民の道』に至る文部省の動向のなかに京都学派の影響があったことは、昆野前掲「戦時期文部省の教化政策」六六頁を参照。
(38) 高山岩男『文化類型学研究』（弘文堂書房、一九四一年、二三六頁）。
(39) 高山前掲『文化類型学研究』二四一〜二四三頁。
(40) 高山前掲『文化類型学研究』二七一〜二七二頁。
(41) 矢部貞治『新秩序の研究』（弘文堂書房、一九四五年、八八〜九一頁）。
(42) 矢部貞治「新体制の基本構想」（一九四〇年八月二〇日執筆、『現代史資料四四』所収、みすず書房、一九七四年、三一二頁）。
(43) 矢部は一九四〇年ごろ、新体制運動を展開する近衛文麿と接触している。矢部は「共同体的衆民政」を実現するため、選挙権の拡大や職能原理の導入によって国民代表機能化させ、議会の執行権力への協力を強めて一元的な国策樹立体制の確立を構想した。そのためにも、近衛を中心とした国民的基礎に立った高度の政治性を有する団体の組織化を目指した（源川前掲『近衛新体制の思想と政治』一一〇〜一一二頁）。彼は現実政治のなかで、自らの構想が実現することを求めていたとも言える。ここでは「国体」が前提になっており、中心団体の統一的な立場はやはり天皇であった。天皇の下に民衆が等しくある体制が目指されたのである。
(44) 矢部前掲『新秩序の研究』六八〜六九頁。
(45) 矢部貞治「愚見の詳論」（前掲『現代史資料四四』所収、三八〇頁）。

(46)『矢部貞治日記』一九四五年六月二七日条(読売新聞社、一九七四年)。

第4章　敗戦直後の天皇制構想

はじめに

敗戦は天皇制にとって最大の危機であった。天皇自身の戦争責任を回避するための方策が採られつつある一方、天皇制という制度自体をいかに守るのかという問題も浮上する。後者に関する研究では、すでに一九五〇年代に久野収・鶴見俊輔・藤田省三らによって、大正教養主義者（いわゆるオールドリベラリスト）が象徴天皇制を正統化したことが指摘されていた。[1] その後、この問題を史料的に実証的に検討した赤澤史朗は、象徴天皇制・天皇像に敗戦以前からの源流が存在していたことを明らかにした。[2] 赤澤の研究は敗戦直後の言説を的確に把握し、その全体像を提示したことに意義がある。

この赤澤の研究を踏まえ、個々の論者の相違を検討した研究のなかで特に注目されるのが、米谷国史のそれである。米谷は大正期からの津田左右吉・和辻哲郎の思想を検討し、時代状況によって変化する思想と根底を貫く天皇「象徴」化の思想の併存状況を解明した。[3] このように、久野らの提起を受け、津田や和辻の言説が注目されてそれがいかに象徴天皇制へと結実し、象徴天皇像の支持基盤となったのかの解明がこれまでの象徴天皇制に関する研究では行われている。[4] 一方で、それ以外の知識人における天皇論については未だ本格的には検討がなされていない段階とも言える。もちろん、津田や和辻らの影響力は大きかったものの、政策レベルにおいてその知が使用され、象徴天皇制へとよりつながったと考えられる他の知識人の構想を検討する必要はないだろうか。

本章では津田・和辻ら人文科学の知ではなく、社会科学の知が象徴天皇制・天皇像にどう展開していくのかを明らかにする。また、その後形成された象徴天皇像が多様であったことはすでにこれまで筆者が解明してきたところであるが、[5] それはその前段階における天皇論が多様であったことも一つの要因であろう。そこに、多くの知識人の天皇論を検討する課題が浮上してくるのである。

そこで本章では、より広範な知識人の敗戦直後における天皇論を解明し、象徴天皇制の歴史的前提を総体的に把握する手がかりとしたい。本章でその言説を扱うのは、オールドリベラリストとして知られた高木八尺《たかぎやさか》と田中耕太郎《たなかこうたろう》の二人である。彼らはともにクリスチャン（高木はクエーカー、田中はカトリック）でありながら、社会科学者として、来るべき民主主義の導入を念頭に、特徴的な天皇論を展開した。[6] 天皇制とキリスト教の関係性は日本近現代史を考える上で非常に大きな研究テーマの一つであり、本章でそれ自体をすべて解明することは不可能であるが、クリスチャンである彼らが敗戦後に天皇制の維持を企図したことは、その問題を解く手がかりの一つになるだろうと考える。彼らはクリスチャンであるからこそ、同時期の他の知識人以上に、国家や個人について考察を深め、西洋の民主主義と天皇制との関係性を模索した。

ところで『「象徴天皇」の戦後史』第一章で論じたように、敗戦直後の政府内部では、来るべき連合国からの占領改革要求に先手を打つ形で、知識人の知を動員する方策が実行されていた。その過程ではもちろん、天皇制存続の根拠を与えるための作業も展開され、知識人によって様々な天皇論が執筆されていた[7]。知識人らは天皇制をそのまま存続させるのではなく、その改革は必要だと構想していた。その改革の方向性こそ、民主主義導入の方向性と一致する。また一方で、特に来るべき民主化要求のなかで、民主主義をどのように日本へ導入し、天皇制との整合性を図っていくのかも大きな課題として存在していた。天皇制と民主主義の関係性は、天皇制の存続という方向、民主主義を導入するという方向、その二方向から敗戦直後に問われた大きな問題であった。

こうした知識人の検討のなかでも特に興味深いのが、外務省外交史料館蔵の『天皇制研究』である[8]。これは「天皇制維持の積極的合理的根拠に付各方面専門家の協力援助を得て徹底的研究を進め」るため、外務省調査局第一課が一九四五年一二月から翌年一月にかけて編集発行したもので、五〇部のみ作成された「部外極秘」の資料であった。これらは吉田茂外相他、関係部署に配布されたようである。おそらく外務省は、自身が占領軍に直接対応することを想定し、そのための資料として知識人の論を用いようとし、積極的に執筆依頼を行ったものと考えられる。本史料作成の意図は外務省調査局第一課長であった三宅喜二郎の回想によれば、天皇制が継続してきた「合理的な根拠をもつに至っているはずであり、そういう合理的根拠を究明し、それを内外に明らかにすることが天皇制を護持するために必要と考え、哲学、政治学、法学、社会学、歴史学等の分野において、それぞれ権威ある学者十名ほどを選んで、その問題の研究を依頼した」と言う。具体的には「高木八尺、津田左右吉、矢部貞治、高山岩男、田中耕太郎」の名を挙げるが、すべての論説は現存していない。(9) 本章で特に注目して検討する高木八尺の論文「天皇制ニ就テ」は、この『天皇制研究』には含まれていないが、同じ簿冊に収録されていることから、寄稿した論文と同様の見解であったことが推察される。(10)

そしてこの『天皇制研究』と関係すると考えられるのが、『政治研究叢書』と題された著作シリーズである。(11) このシリーズは「刊行の辞」によれば、敗戦後の社会・思想の混乱から「我歴史と伝統の中枢をなす皇室制度の排撃台頭に依り最も甚しとなすべく、此傾向を現在の儘放任するは、平和愛好の我国家建設及び、世界連合の将来のため誠に忍びざるところなるを以て、吾人は茲に我皇室が建国以来其政治の根本方針を如何に国民生活の向上改善に置き、今日所謂、民主民本主義を実行し来れるかを研究し」ようという意図から刊行された。(12) つまり、天皇制を擁護して民主主義と接合させることを課題とした研究書であったと言える。この著作シリーズは、第一巻『天皇制と民主主義』、第二巻『天皇制の科学的研究』が刊行されており、そのなかには『天皇制研究』と同筆者・同論文がいくつか収録されている。おそらく、部外秘であった『天皇制研究』のために研究された知識人による知は、その後になって『政治研究叢書』として外部に公表されたものと考えられる。田中耕太郎の論文「日本君主制の合理的基礎」も『政治研究叢書』第二巻に収録されており、おそらくこの論文が『天皇制研究』に執筆されたのではないだろうか。[13] つまり、本章が対象とする高木八尺・田中耕太郎の論は、これまでの研究で検討されてきた知識人以上に、敗戦直後の政策レベルのなかで求められ、利用された知と言える。彼らの天皇制に関する論を検討する意義はここにある。

このように本章で扱う史料は、敗戦という危機を迎え、民主主義と天皇制をいかに接合させ、天皇制を維持するのかの理論を模索した言説である。本章ではその内容を検討し、敗戦直後の天皇制構想を解明していきたい。

第一節　民主主義論と天皇論の矛盾

キリスト教的個人観念と民主主義の導入

よく知られているように、アジア・太平洋戦争末期、南原繁東京帝国大学法学部長を中心とした高木、田中、末延三次、我妻栄、岡義武、鈴木竹雄ら東京帝国大学法学部七教授は、近衛文麿元首相や木戸幸一内大臣、高木惣吉海軍省調査課長など、いわゆる穏健派と呼ばれるグループに対して終戦工作を開始していた。[14] 彼らは終戦の条件は「無条件」としつつも、天皇制維持だけは求め、そのためには天皇大権の削減もやむを得ないという覚悟を持っていた。また、降伏の際には天皇が詔勅において自らの責任を明確にし、適当な時期に退位すべきだとも思考していた。高木八尺は特に、「唯一の根拠として、権力は道徳に優越しないことを、これで示してもらいたい」と述べて、道徳的観点からの退位を強く主張していた(15)。

このような思考を有していた高木の民主主義論を見てみよう。アメリカ研究の先駆者である高木は、アメリカに民主主義が発達した要因の筆頭にピューリタニズムを挙げた。ピューリタンが「人間の人格の尊厳」や自由平等の観念を抱いていた結果、民主主義が成熟したと言う(16)。高木はここで、ピューリタニズムというキリスト教信仰を高く評価し、それによって生み出される「個人の人格」という観念を民主主義論の根本に据えていった。

一九四九年に執筆された「敗戦と民主主義」のなかで高木は、「個人人格観念の覚醒こそ、日本民主化の前提要件である。個人の自覚、即ち人間の自由なる良心の働きと個人の自主的に行う判断こそ、国家再建の唯一の鞏固な基礎をなすものである」と主張した(17)。高木によれば、これまでの日本は服従の観念によって支配された封建的体制であり、個人の感覚が養われる機会がなかった。それを打破しなければ民主主義の導入はあり得ないと彼は断言する。日本国憲法が成立しつつも「逆コース」という現実が進展するなかで、高木は個人を尊重した民主主義を理想化し、その定着を強調したのである。

ところでこうした「個人人格観念の覚醒」は、労働者の地位向上や経済改革による民衆の生活レベル上昇という要素の他、信仰によっても生成すると高木は主張する。ここでアメリカ研究者らしく高木は、アメリカ建国の指導者の一人であるジェファーソンがピューリタニズムの精神的伝統に則ったために民主主義を打ち立てることができたと説明し、英米の民主主義論者がキリスト教信者であったという事実を日本人が認識しなければ「民主主義の真の意味を把握することはできない」とまで言い切った[18]。こうして高木は、民主主義を導入するためにはキリスト教観念を受容する必要があると強調していく。クエーカーとしての高木らしい論理展開と言えるだろう。

キリスト教が日本の道徳律の中に浸透する時まで、日本の精神革命は未完成のままであろう。ここにこそ、そのために生命を賭する価値ある人類の理想がある。日本の過去の教えより高く、しかもなお、服従と忠誠の伝統の持つ最善のものを含み活かしている……その暁にのみ、日本人は人類の普遍的言語を語るであろう[19]

高木はキリスト教の個人・道徳観念を人類普遍の価値観とし、それが民主主義の基盤だと考えた。しかしその民主主義論は、アメリカやヨーロッパそのものを取り入れることではなかった。日本の伝統・文化との接合を図ることを高木は構想していた。そしてその伝統こそ、天皇制であった。彼は憲法改正が近づいた一九四六年に積極的に天皇制に関する自らの意見を公表している。

高木は、日本には天皇制という特殊な制度が存在しており、「英米何れなりの憲法理念を以て、総括的に、移して我が国憲法の基本主義たらしむべしとする態度に賛同し難い」と主張する[20]。これは、民主主義を導入するためにアメリカの例を示し、キリスト教的個人・道徳観念の必要性を説いた時とは全く違った姿であった。日本の特殊性を強調するのである。彼によれば、英米における民主主義発達の歴史は「国王対議会の抗争の事実」であり、「君主対人民の二元的、対立的地位が、キリスト教における個人人格の思想に培われ」た。[21] そして近代国家における主権論は、こうした民衆と君主が対立する国家観念から生み出されたもので、日本においては民衆と天皇とが対立した歴史は存在しないから、主権に関する規程は必要ないと主張するのである。このような論理から言えば、民衆と天皇が対立した歴史を持っていない日本においては個人の「人格」といった観念も生み出されなくなるのだが、その点への高木の自覚はない。

そして高木は、民主主義は個人の尊厳が核とはなっているが、近年は「全体としての社会、集合体としての国民の観念に重心の推移する動向」であると強調する。[22] ここには、民主主義の導入のために「個人人格観念の覚醒」を説く高木の姿はない。民衆と天皇、そして日本の共同体としての一体性を強調し、そうした日本の伝統性こそが近年の民主主義の趨勢と合致していると主張するのである。つまり、天皇制と民主主義の親和性が強調されていると言える。それゆえ、「君民一体」である民衆と天皇の関係にあっては、どちらが主権を有するのかといった問題を論じる必要性がないとまで高木は言う。ではなぜ、このように高木は一見すると異なる民主主義論と天皇論を展開したのだろうか。次に彼の天皇論を詳細に検討し、その問題について考えたい。

「君民一体」「君民同治」「一君万民」

ここで高木の政治的立場について言及しておきたい。前述したように終戦工作に奔走していた彼は、敗戦前より近衛文麿のブレーンとして活躍していた。またアメリカ研究の第一人者として、アメリカ側との人脈も豊富であった。そのため、敗戦後は東久邇内閣の国務大臣として憲法改正に当たろうとしていた近衛をサポートし、ジョージ・アチソンＧＨＱ政治顧問とダグラス・マッカーサー連合国軍最高司令官側近のボナー・フェラーズ准将などＧＨＱ側との接触を続けていた[23]。そのなかで高木は、一九四五年一〇月頃には「天皇制を廃止することや、まして現在の天皇を退位させることは、連合国の明確な要求ではなく、なおのことアメリカの要求ではないということ」を感じ取ったのである[24]。外務省外交記録に残された「天皇制ニ就テ」は、この後の一二月に書かれた論文であった。つまりは天皇制を存置させるアメリカの方針を知ってから、高木がこの論文を書いたことに注目する必要があるだろう。天皇制が残ることを前提に、天皇制をいかに改革するかを構想した論文と言えるだろうか。

こうした高木の政治的立場と状況を踏まえ、彼の天皇論を検討していきたい。まず高木は、天皇制とは何かという問題を次のように主張する。

天皇制とは、わが国において万世一件の天皇が徳をもって君臨し、世々国民の輔翼により統治し給う制度、やゝ詳言すれば、天皇は自ら政治し給わず、これを時代ごとの担当者に委ね、むしろ精神的道徳的指導者として存続し統御し給う[25]

このように高木は、天皇制の歴史を強調した。そして天皇は政治に実際に関与していないことから政治上の責任はなく、精神的な権威であったと述べる。天皇の戦争責任論を回避するため、近代においても天皇が政治上の権能を有していなかったことを強調するのである。これは、天皇の政治上の戦争責任を問われないための措置であった。

そして天皇の精神的権威については、新しい文化を吸収する指導者としてあり続けてきた歴史が存在しているために醸成されたものだと高木は見ていた[26]。ここで、これからの新しい文化として民主主義が措定され、天皇制存続の必要性が主張されていたことを読み取るのは容易であろう。民主主義と天皇制との親和性を図ろうとする意図はここから見ることができる。

このような天皇制の歴史的な意義づけは、津田左右吉の影響を受けていた[27]。そして、天皇制の歴史や「国体」について高木は次のように論を展開させる。

この観念は、「君民一体」又は「君民一如」の思想によつて現はされ、又「君民同治」の政体と称せられる……天皇は国民の中にあり、国民の輔翼に依り、国民と共に、統治し給ふとなすのが、我が国体の理念となつたのである。

されば「一君万民」と云ふ語も、一君よく民の心を以て心とし給ふ統治の形態と国柄とを指すのであつて、決して君主と人民と対立拮抗する国家の形態を意味しない[28]

このように高木は、「君民一体」「君民同治」「一君万民」といった概念を持ち出し、民衆と天皇との関係を説明した。民衆と天皇とは対立関係にあるのではなく、これまで非常に強い結びつきを持っていたと強調するのである。こうした概念こそが「歴史的事実」であると同時に「天皇制ノ理念」でもあった。このように述べることで、「天皇制下ノ国民輔翼ニ依ル政治」が民主主義と「近似」しているとの論理を導き出すことが可能になる。[29]おそらく、大正期以来の憲政政治の経験を有していた人々に対し、民主主義を日本に導入することはそれとほとんど同義であると高木は主張することで、それへの警戒感を緩和しようとしたのではないだろうか。

だからこそ高木は主権の所在を棚上げにしようとした。民衆と天皇は西洋の君主制のように対立しておらず、むしろ一体であるから、どちらに主権があるかを規定するのは意味がないと言うのである。高木にとって、「天皇は国民の中にあり、国民と共に統治し給ふ。「国民」とは天皇を包含する国民の共同体なる政治団体を意味」していた。[30]そして、解釈論として主権は「君民一体なる日本国国民の共同体に在り」という理論を採用することになる。[31]高木は天皇を国民共同体の内部に埋め込み、共同体全体が主権を有すると定義することで、民衆と天皇の一体性をより強調したのである。

しかし高木は、天皇を「国民」として民衆と同質化させようとしていたわけではなかった。天皇は国民的感情の中心であるから「道徳的「リーダーシップ」ノ可能性」があり、「民衆ト与論ノ激昂、動揺等ニ際シ、天皇ハ最モ公正ニ国家ノ真益ヲ図リ給フ地位ニアル」と主張する。[32]もちろん大日本帝国憲法の規定そのままではなく、大権事項を制限し、「責任内閣制」を実現させなければならないと言う。しかしこうした責任内閣制はイギリスモデルの立憲君主制ではなく、「天皇ヲ政治責任外ニ置クト雖、ソノ国勢ニ関スル経験達識ニ基ク要路者ニ対スル事実上ノ影響示唆ノ途ハ存続ス」と、あくまで内閣・議会に対して影響力・権威を持つ存在と考えられていたことに留意する必要があるだろう。こうした構想は、第1章で検討した吉野作造の思想と似通っているだろう。高木の構想は、大正期の天皇制を念頭に置いたものであった。

そして高木は最後に、こうした憲政が発達する要件として「健全ナル国民ノ存在」を挙げている。民衆は道徳的な責任感が欠如しており、それを解消するためには「天皇ハ現人神ノ観念ヲ去リ、ソノ神秘性ヲ脱シ、国民ハ公御財ノ域ヨリ成長シテ真ニ謙虚鞏健ナル個性ノ観念ニ醒ムルコトニヨリテノミ、我ガ国憲政ノ基礎ハ固ク」なると高木は言う[33]。天皇の神格化否定とともに、ここで再び個人の「人格」観念の問題が浮上してくる。高木のなかでは天皇の問題と個人観念の問題は矛盾なく両立していた。しかし「君民一体」を強調して日本の共同体としての一致性を強く主張することは、西洋キリスト教的な個人観念とは向きを異にするものであろう[34]。高木はその時、日本の伝統や文化に個人の人格の問題を合わせるように求めた。民主主義や個人の問題を日本へ導入する時、天皇制との積極的な親和性を強調することで、人々が素直に受け入れることができるようにする、現実主義的な意味もあっただろう。一方、彼がそうした問題を理論としては受け入れつつも、天皇制を抜きにしては考えられなかったとも評価することもできるだろう。

高木は日本国憲法草案が発表された後、それに対する修正提言を行っている。そこでは、前文を「君民一体である我が国で、天皇を首長とする日本国国民共同体が憲法の根本的改正を行ふ旨を宣明するものに改め」ようとしていた[35]。このように彼のなかでは、民衆と天皇は「君民一体」の不可分のものとして疑いなく捉えられていたのである。

第二節　キリスト教的世界観と天皇制

普遍的なもの

東京帝国大学法学部教授を務め、商法・法哲学の権威であった田中耕太郎は敗戦後の一九四五年一〇月に文部省学校教育局長、四六年五月の第一次吉田茂内閣発足時には文部大臣に、そして一九五〇年には最高裁判所長官に就任するなど、敗戦後の文部行政・司法をリードした人物である。オールドリベラリストの代表的人物として称される田中は敗戦後、戦争への深い反省に立って論を展開していった。日独伊は国家主義的利己心と民族主義的理念から国際的な道徳を無視し、欠如させていたと田中は批判する。(36) 日独伊は「道義的見地から許されない戦争を敢て開始し」たが、それはすなわち「国民の道徳的欠如」を意味するというのである。(37)

ではなぜ、日本は道徳を欠如させてしまったのだろうか。田中は、日本が個人の観念を十分に発達させず、「団体主義的世界観の範疇に属し」たからだと主張する。国家の価値が絶対化され、個人の自由は国家繁栄の手段としてしか考えられなかった結果、そこで提起された「国家本意の道徳」は「普遍性を欠如するもの」になったと言う。(38)

古今に通じて謬らず中外に施して悖らない人倫の大本は等閑視せられ、国体明徴と云ふやうな、抽象的な、それ自体として内容に乏しい、スローガンが跋扈した……個人の人格の完成や個性の健全な発達がなければ国家の進歩向上は不可能であるのに拘わず、此の全部とその構成部分とに関する自明の論理的関係が無視された[39]

このように田中は、個人の人格を尊重することこそ道徳につながると見ていた。こうした意識を欠如させた日本は、「神の審判を受け」、「当然の報いとして」敗戦に至ったと言う。[40]では敗戦後の日本はどうなるべきだと田中は思考したのだろうか。まず田中は、今後の日本は「道義と文化の発揚以外に途はなし」と、「道義国家」「文化国家」として再出発し、平和主義を採るべきだと主張する。[41]つまりは田中の言う道徳とは、国際的な平和と安定化、国際協調と見ることができるだろう。田中にとっては「自由主義や民主主義を云々する前に、先づ普遍的人類的の道徳律を守」ることのほうが重要であり、道徳という要素が高く評価されていた。[42]終戦工作時に田中が天皇退位に賛成したのは、こうした道徳の観点からの責任の必要性を感じていたからであろう。

そして国内にあっては、政治理念を「普遍世界的」なものにし、それはまた「人間性に立脚」していることが重要だと主張した。この普遍的なものとは、「人間が天賦の理性に従ひ識別し得る自然法即ち自然的道徳原理」だと田中は言う。彼は自然法を時代や場所を超越して善悪の区別を厳格化し、法や政治、文化などあらゆる側面の基礎を形成する思想と規定した。[43]田中は、自然法を「天地の公道」、人倫の大本」という普遍的観念として重視したのである。このような自然法概念は、敗戦後に提起したものではなかった。一九三二・三三年に発表した大著『世界法の理論』のなかで田中は、国家間の関係を規定する世界法として自然法の有用性を説いていた。[44]第一次世界大戦を経て続く国家間対立や階級対立を止揚するために、自然法概念を強く打ち出したのである。そして、第二次世界大戦後こそ再び自然法の重要性を説くチャンスとなった。田中にとって自然法とはキリスト教に基づいた観念であった。それは近代的キリスト教観念そのものではなく、「政治の権威が神より来るとする中世神学者達の観念」であり、田中はそれを政治の理想と思考していた[45]。カトリックを信仰していた田中は、近代よりもむしろ古典的なキリスト教思想を重視し、こうした構想を有した。「凡ての権は神に由来し、凡ての秩序は神の定むる所である」と言い切る田中[46]にとって、こうした神の観念に基づいた自然法はいずれの物事にも動揺しない理念であり、真理であった。そしてこれこそが彼の考える道徳であった。

ゆえに田中は、全くの自由主義には反対する。人々の行動はある「一定の規範に準拠して行はなければなら」ず、「自由に責任を伴うことを主張するのは、健全な常識に基く」と、それが当然であるかのごとく強く主張する。この「規範」こそ自然法であった[47]。自由は秩序を前提として存在し、その目的は倫理的使命につながっていなければならないと田中が主張するのは、階級闘争やアナーキズムに対する危機感の表れであった[48]。もちろんその秩序が軍国主義的にならないように

田中耕太郎

も警告している。こうしたある種緩やかな秩序の下に日本という共同体がまとまることは、主権者は誰かという問題を棚上げすることにもつながった。田中は、主権は「何れにも存在しない。主権は人間以外の所に存在する……真の主権者は人間又は其の集団ではなく、真理のインカーネーションたる神以外には存在しない」との論を展開し、神の下での普遍性を有した自然法社会を構想したのである。[49]

このようなキリスト教的神観念に基づいた思想の一方、田中は国家・民族の伝統にも親和的であり、社会の伝統や慣習を無視してはその普遍的なものが浸透しないと見、「旧来の良き国民的伝統や、我が国に尚ほ残存する健全な道徳観念までも捨て去るの誤謬を犯してはならない」と述べる。[50]カトリック信仰に従って、国家に積極的な意味を持たせようとしたのである。そうして田中は、国家を超越した自然法的秩序を国家内部における伝統性と調和させることで、民主主義の導入の根拠とした。そしてこの伝統性の重視こそ、天皇制存置の理論へとつながっていく。

「日本君主制の合理的基礎」

田中はその天皇論である「日本君主制の合理的基礎」のなかでまず、「大日本帝国が、万世一系の天皇の統治し給ふ所であり、それが肇国の当初からの歴史的事実であり、又それが将来に対する不動の根本規範であることは、日本国民の血肉となつてゐる信念」であると言い切った。田中はそれを、「日本国民にとつて、あらゆる政治的学的理念を超越せる事実」とまで言う。[51]

そして田中は、国家形態一般として君主制のほうが共和制よりも統治上優れた制度であるとの政治学の知見に言及する。それは、「君主制が国家に鞏固なる統一性を与え、誠意に恒常性を齎らし、又元首が総ての政治的社会的対立抗争の上に超然たる地位を占め、政権争奪者流の野望を封じ以て政治に大なる安定感を与ふる」からである[52]。これは歴史的にも実証された事実だと主張し、君主制による国家の安定化を強調する。

特に日本においては、国家は皇室を宗家とする一大家族であり、「国民性の欠陥に対する不可欠なる匡救者である」との家族国家観を展開し、天皇が「匡救者」としての共同体の指導的立場にあることを主張する。そして天皇制こそ民衆にとっての「本質的要求」とまで言い切るのである。あ る種の「国体」であろう。田中にとってこうした家族国家観は論理的説明など必要なかった。ただ「歴史的事実」として存在していることが重要だったのである。

二千年以上も継続して来た歴史的事実が地理的環境のみの所産でなく、深く我が民族の特異性――其の長所の発揮と欠点の是正――からの要求に根ざしてゐること、而して所謂家族的国家の神秘的感情も其所に発祥してゐることは、否定し得られぬ事実[53]

このような「歴史的事実」は民衆の感情に基づいたものであり、そうであるからこそ重要な意味を持っていると田中は考えていた。

田中はまた、天皇制は「我が国民性中に於て見受けられる政治生活上の欠陥に対する匡救ともなつてゐる」と述べる[54]。ここで言われる欠陥とは何だろうか。田中は日本人の国民性として外国文化を摂取する際、その「精髄に対する理解」が欠如してしまうことを指摘する。これは日本が急速な近代化・国民国家化を進めた結果、内部に矛盾を生じさせたまま帝国主義化して敗戦を迎えたことへの反省であり、一方でマルクス主義によって思想的混乱や秩序の崩壊が生み出されることへの危惧でもあった。敗戦後の日本は「混沌状態」にあり、この危機を脱するためには「不動の中核[55]」である天皇制の権威が必要だと田中は主張する。カトリック信仰によって、田中は反共産主義を掲げるようになった。

田中は日本にはもう一つの欠陥があり、天皇制はそれへの防波堤になっていると主張する。それは「国民の性格中に存する権力欲と権力盲従の傾向である[56]」。こうした傾向により、政治は政策や理念における結合ではなく非合理的な人的関係によって左右され、それは帝国主義とマルクス主義の両者に振れる危険性につながると指摘した。田中は、こうした国民性の問題にもかかわらず「明治以来今日までよく秩序を維持し、国力を涵養し、以て大国の地位を獲得維持出来たのは、一つに我が国有の君主制の機能即ち国体の精華の然らしむる所と云はなければならない」と強調する。田中がここまで天皇制の役割を高く評価するのは、明治維新など「政治上の大革新大転換は天皇の力を以て初めて実現し得られた」と見ていたからであった。そして敗戦にもかかわらず、国内でさほど大きな混乱がなかったのは天皇の命令によって敗戦を迎えたからだと認識し、その権威をより高く評価したのである。

こうした天皇論は、前述した「普遍人類的原理」を日本社会の具体性と調和して適用しようとする主張と一致する。

我が国体と民主主義とは理論的にも現実的にも矛盾するものではない。皇室が人民の幸福に不断に軫念せられ、又平和に対する熱意を持続せられてゐたことは周知の事実である。加之我が国家社会の形成発達の事実を考ふるときに、皇室は国家社会の支柱となつて居り、是れなしに国内的の平和と秩序とは維持できない状態にある[57]

田中は、天皇が常に民衆のことを思考して平和持続に努力しているとの認識から、天皇制なしでは日本という国家が維持できないと述べる。天皇制がなければ、日本は無秩序状態に陥ると危険視するのである。自由は秩序を前提として存在すると考えていた田中にとって、天皇によって秩序の保たれた日本において自由は生まれ、民主主義は定着すると思考するのは当然の帰結であった。

そして重要なのは、田中が天皇さえも「真理を尊重し道理に服従する」存在だと見ていたことである[58]。天皇に絶対的に従うのではなく、天皇が「真理に適ひ道理に反しないから」こそ従うのであり、天皇の言葉の「背後に存在する深い真理と道理を十分省察しなければならない」と強調するのは、天皇が「真理と道理」を有した存在であり、かつそれに拘束されると認識していたからであろう[59]。田中が天皇に国家の秩序維持の役割を期待したのは、このように天皇が普遍的価値を持った存在だと思考したからであった。

おわりに

高木は天皇制の特色を次の三点に要約している。

イ．万世一系ノ天皇ノ存在

ロ．天皇ハ徳ヲ以テ君臨シ給ヒゾ事実

ハ．天皇ハ国民ノ輔翼ニ依リ統治ヲ行ハセ給フコトガ、史実ニ基ク理念タルコト(60)

これまで検討してきたように、高木・田中は天皇の「歴史」「道徳」「国民との関係性」という概念を強調し、天皇制存置の根拠としていた。この三つの概念はそれぞれが単独で主張されることなく、重層的に絡み合いながら展開されていた。そして「君民一体」「一君万民」という思想は、まさにこの三つの概念を捉えた概念として位置づけられたのである。彼らは民主主義導入にあたって、国内の階級対立を危惧していた。敗戦後の日本が思想的にも混乱状態に陥っている事態を見、日本の共同体としての分裂を避けるべく、一体性を生み出すものを欲していた。そこで、大権を大日本帝国憲法よりも削減して天皇を政治から切り離すことで階級から超越した立場に据え、共同体秩序の形成と一体性の保持を図ろうとしたのである。政治と切り離された天皇に調整者のような権能を残そうとしたのは、民主主義を導入して議会が階級対立を代表してしまう様相を呈した時に、それを解決させる公的かつ超越的な役割を天皇に求めたからだと言える。それゆえに、主権の存在を国民か天皇にあるのかはっきりとさせることなく、曖昧にしようと試みたのである。これは第３章で検討した戦時期の矢部貞治や高山岩男の構想とも通底する。

彼らが民主主義導入にあたってもう一つ言及したのは、「個人の尊重」という観点であった。これは、敗戦前の日本社会に対する反省から強調されたものであろう。しかし一方で、この個人の尊重をめぐっては見解の相違も見られた。高木と田中はキリスト教信仰の観点から個人の問題を取り上げる。しかし彼らも、クエーカーの高木がキリスト教信仰の重要性を強く説き、近代的な個人概念の尊重を非常に高く評価するのに対して、カトリックを信仰する田中は自然法概念に基づく普遍性を強調し、秩序の下で一定程度制限された個人のあり方を掲げた。この田中の姿勢はカトリックに基づく反共産主義であり、以前筆者が検討し、次章にも登場する矢部貞治に近いスタンスである。(61)

こうした違いは、目指すべき国家像の違いから生まれたものではなかろうか。高木はアメリカを中心とした西洋近代の民主主義を理想とし、日本の現状を踏まえた上でその導入を企図した。ところがそうした理想の西洋近代社会は、天皇制との整合性を図る段階に至って、日本の伝統・文化を優先させる方向へと向かう。それは、民主主義を取り入れるための現実主義的な彼の方策であるとともに、オールドリベラリストとしての高木の思想そのものではないだろうか。一方の田中は、西洋のキリスト教的世界観を理想とはしたが、それはカトリック＝中世的なキリスト教観であり、神による普遍性、自然法が個人の自立よりも勝ることになる。自然法という規範の下に社会が構成される形を田中は理想としていた。かつ、それと日本の伝統性との調和を図ろうと田中は考えていた。

それゆえに天皇制という伝統と西洋の民主主義との融合が矛盾なく彼のなかで捉えられた。

そして天皇論についても違いを見せる。高木は終戦工作時には退位の必要性を述べていたが、その必要がないとわかるや、積極的にそれを展開しなくなる。それは、政治学者として、現実政治にコミットしたがゆえの高木の姿勢と見ることができるだろう。こうした思考は、やはり以前に検討した矢部や高山とは異なる。矢部や高山は天皇の道徳的立場を重視していたため、敗戦責任としての退位の必要性を強調していた。[62] 田中は管見の限りでは、退位論を積極的に公表していない。田中は天皇さえも自然法に拘束される存在と見ていた。ただし、天皇は普遍的価値を有した存在と捉え、その必要性を説いた。こうした社会科学者による知が、昭和天皇は退位しないという理論的根拠へと展開していくのである。高木と田中は、敗戦後の「無責任の大系」(丸山真男)を構築する知を提供したと言えるのではないだろうか。[63]

こうして、同じように民主主義と天皇制を接合し、天皇制存続の「合理的基礎」を発見していった知識人にも、その見解には若干の相違が生じていた。そして日本国憲法が「象徴」という曖昧な用語で規定され、明確に定義されなかったことからその相違は解消されなかった。それはつまり、象徴天皇とは日本国民にとって、また日本という国家にとってどのような存在であるのかといった問題が、それぞれによって異なることを意味する。明確な定義を有しなかったことで、象徴天皇像は多様な内実・解釈を持つことになった。それが次第に収斂され、定着していくのに十数年がかかるのである。次章ではその過程を論じていく。

【注】

（1）久野収・鶴見俊輔・藤田省三『戦後日本の思想』（中央公論社、一九五九年）。

（2）赤澤史朗「象徴天皇制の形成と戦争責任論」（『歴史評論』第三一五号、一九七六年）、同「戦後民主主義論」（神田文人編『体系・日本現代史』第五巻、日本評論社、一九七九年）。安田常雄も敗戦後の象徴天皇像の変遷を見通す研究のなかで、オールドリベラリストの影響力を指摘している（「象徴天皇制と民衆意識」『歴史学研究』第六二一号、一九九一年）。赤澤と同様に同時期の知識人の論を総体的に検討したものとして、河島真「象徴天皇制試論」（『日本史研究』第五五〇号、二〇〇八年）がある。

（3）米谷匡史「象徴天皇制の思想史的考察」（『情況第二期』第一巻第六号、一九九〇年）、同「「世界史の哲学」の帰結」（『現代思想』第二三巻第一号、一九九五年）、同「津田左右吉・和辻哲郎の天皇論」（網野善彦他編『天皇と王権を考える』1、岩波書店、二〇〇二年）。

（4）その他にも、赤坂憲雄『象徴天皇という物語』（筑摩書房、一九九〇年）、小熊英二『単一民族神話の起源』（新曜社、一九九五年）、苅部直『光の領国　和辻哲郎』（創文社、一九九五年、後に岩波現代文庫、二〇一〇年）、ケネス・ルオフ『国民の天皇』（共同通信社、二〇〇三年、後に岩波現代文庫、二〇〇九年）なども津田・和辻の天皇論について検討を加えている。

（5）河西秀哉『「象徴天皇」の戦後史』（講談社選書メチエ、二〇一〇年）。

（6）岡村忠夫「高木八尺におけるアメリカと日本」（『アメリカ研究』第一三号、一九七九年）、有賀貞「高木八尺におけるアメリカと日本」（『キリスト教と諸学』第一九号、二〇〇三年）、森川多聞「田中耕太郎の思想――戦後保守主義と天皇制擁護論」（『年報日本思想史』第二号、二〇〇三年）などは各知識人の思想全体を検討するなかで、天皇論にも触れている。

　高木・田中以外にも、クリスチャンの知識人による天皇制論は検討されている。例えば、敗戦後に東京帝国大学総長となった南原繁は、植民地を喪失した日本において統一性を体現する存在・平和に向けた道義を指し示すような「国民的生の共同体の高き秩序の理想」として天皇が必要だと主張した。国家制度としての天皇制をむしろ存置させることを強調したのである。天皇が率先して平和や道徳といった概念を体現する態度を示すことで、人々は「国民」として自覚するとともに国家も「平和的文化共同体」の建設へと向かっていくとしたのである。南原は敗戦後の日本をそれまでとは違う方向へ向かわせるためにも、天皇制が必要だと強調した。しかし一方で、そのためには新しい皇室典範に退位の規定を盛り込むべきだと主張する。昭和天皇が敗戦に対して人々に対して道徳的な責任を取り、そうした存在だと率先して見せるべきだと言う（苅部直「平和への目覚め」『思想』第九四五号、二〇〇三年、後に同『歴史という皮膚』岩波書店、二〇一一年所収、九六～九八頁）。また、無教会派の矢内原忠雄東京帝国大学教授は、敗戦後も天皇を「民族精神の理想型」と位置づけ、天皇制の維持を主張する。矢内原は天皇自身が聖書を学ぶことで「国の復興の模範」となることを求めた（赤江達也『矢内原忠雄』岩波新書、二〇一七年、一八三～一九九頁）。南原も矢内原も天皇制を継続させることを主張しつつ、しかしそうするためには天皇がキリスト教的な道徳的存在でなければならないと考えていた。

（7）河西前掲『「象徴天皇」の戦後史』第一章。

（8）外務省外交史料館蔵外交記録マイクロフィルム「帝国憲法改正関係一件　研究資料（第2巻）」。

（9）霞関会『劇的外交』（成甲書房、二〇〇一年、九三頁）。

（10）なお高木の論文については、江藤淳編『占領史録』下（講談社学術文庫、一九九五年、原著は一九八二年、九五～一〇〇頁）で活字化されている。

（11）立君民主制研究会編『政治研究叢書』第一巻、第二巻（桃蹊書房、一九四六年）。なお、この「立君民主制研究会」なるものはどのような組織か不明である。

（12）立君民主制研究会編『政治研究叢書第二巻　天皇制の科学的研究』第二巻、一〇六頁。

（13）田中は著書『教育と政治』（好学社、一九四六年一一月、以下『政治』と略記）に同名の論文を発表している。両者は若干の字句の異同はあるものの、論旨は全く同じである。田中は、この「日本君主制の合理的基礎」は敗戦前に書いたものを一九四五年春、「今日あるを薄々予知して天皇制に関する思想を一応纏めた」と述べる（前掲『天皇制の科学的研究』一頁）。つまりは、敗戦前から一貫して考えていた天皇論だと主張する。

(14) 南原繁（丸山真男・福田歓一編）『聞き書　南原繁回顧録』（東京大学出版会、一九八九年、二六九頁）、伊藤隆編『高木惣吉　日記と情報』下（みすず書房、二〇〇〇年、八八六～八八七頁）。

(15) 南原前掲『聞き書　南原繁回顧録』二七二・三一五頁。

(16) 高木『アメリカ』（明善書房、一九四八年、後に『高木八尺全集』第四巻所収［以下『全集』と略記］、東京大学出版会、一九七一年、一七〇～一七一頁）、有賀前掲「高木八尺におけるアメリカと日本」一二八頁。

(17) 高木「敗戦と民主主義」（『独立』第九号、一九四九年、『全集』第四巻所収、四二九頁）。

(18) 前掲「敗戦と民主主義」四三三～四三四頁。

(19) 前掲「敗戦と民主主義」四三四頁。

(20) 高木「憲法改正草案に対する私見」（『国家学会雑誌』第六〇巻第五号、一九四六年、六頁）。

(21) 高木「憲法改正草案に対する修正私案」（『中央公論』一九四六年八月号、『全集』第四巻所収、四一三頁）。この『中央公論』論文と前掲『国家学会雑誌』論文はかなりの部分で内容が重複している。『中央公論』論文がやや一般向けの記述であり、『国家学会雑誌』はやや学術的記述である。この二つの論文はほとんど同時期に書かれたものと思われる。

(22) 前掲「憲法改正草案に対する修正私案」四一四頁、「憲法改正草案に対する私見」六頁。

(23) 高木『日本の憲法改正に対して一九四五年に近衛公がなした寄与に関する覚書』（憲法調査事務局、一九五九年、一～六頁）、東京大学占領体制研究会編『高木八尺名誉教授談話録』（憲法調査事務局、一九五八年、一～三頁）、古関彰一『新憲法の誕生』（中央公論社、一九八九年、後に一九九五年文庫化、二一・三〇～三二頁）。

(24) 前掲『日本の憲法改正に対して一九四五年に近衛公がなした寄与に関する覚書』四頁。

(25) 前掲「憲法改正草案に対する私見」二頁。

(26) 前掲「憲法改正草案に対する私見」四頁。
(27) 高木は前掲「憲法改正草案に対する私見」四頁のなかで、日本の歴史に関する記述は津田左右吉「建国の事情と万世一系の思想」(『世界』第四号、一九四六年)に負っていると述べ、その影響を受けていることを言及している。
(28) 前掲「憲法改正草案に対する私見」四頁。
(29) 前掲「天皇制ニ就テ」三一～三二コマ。
(30) 前掲「憲法改正草案に対する私見」五頁。こうした高木の議論に対し、横田喜三郎などから主権概念を「抹殺」する「不当」な論理との批判が寄せられた。高木はそれに対し、「救うべからざる私の頭の混乱が攻撃されたわけです」と回想し、高木自身が論理は「混乱」していたと認める(前掲『高木八尺名誉教授談話録』一〇頁)。
(31) 前掲「憲法改正草案に対する修正私案」四一五頁。
(32) 前掲「天皇制ニ就テ」三四コマ。天皇大権を大幅に削減しつつ残しつつというこのような高木の立場は、政府支配層と同じであった(赤澤前掲「象徴天皇制の形成と戦争責任論」四七頁)。
(33) 前掲「天皇制ニ就テ」三五～三六コマ。
(34) 岡村前掲「高木八尺におけるアメリカと日本」一三八～一四一頁。
(35) 前掲「憲法改正草案に対する私見」一一頁。
(36) 田中「国際連合の理念的基礎」(『朝日評論』一九四六年四月号、『政治』、五八頁)。
(37) 田中「教育と世界観」(『中央公論』一九四六年四月号、『政治』、一一二頁)。
(38) 田中「国民道徳の頽廃とその再建」(『文部時報』八二四号、一九四六年、『政治』、一四三頁)。
(39) 前掲「国民道徳の頽廃とその再建」一四三頁。
(40) 田中「民主主義と真理」(後に田中『真理と平和を求めて』講談社、一九五〇年に所収、六二～六五頁)。
(41) 田中「平和の使徒たらむ」(『政治』に収録された新稿、一〇頁)。

(42) 田中「道徳と教養」（『日本教育』一九四六年一月号、後に田中『教育と権威』岩波書店、一九四六年に所収、一二一九頁）。
(43) 田中「新政治理念と自然法」（『世界』一九四六年二月号、『政治』、一一六〜一三三頁）。
(44) 田中『世界法の理論』第二巻（岩波書店、一九三三年、一一六〜一一七頁）。
(45) 前掲「教育と世界観」一一三二頁。
(46) 田中「自由主義と其の限界」（『人間』一九四六年五月号、『政治』、一一六〜一三三頁）。
(47) 前掲「自由主義と其の限界」九二〜九三頁。
(48) 田中「歴史の教訓」（『改造』一九四九年二月号、後に『真理と平和を求めて』に所収、一二一四頁）。田中はラテンアメリカやメキシコなどの政治が不安定であったことを見、そこでの民族や文化などの混乱から日本との類似性を見出し、そうした世界からの問題の波及を防止しようと考えていた。
(49) 前掲「自由主義と其の限界」九七〜九八頁。
(50) 前掲「自由主義と其の限界」九三頁。こうした姿勢も、「真の国際主義者、世界人類主義者と、真の国家主義者、民族主義者とは一致する」と述べていたことからわかるように、敗戦前から継続していたものであった（前掲『世界法の理論』第二巻、六五六頁）。
(51) 前掲「日本君主制の合理的基礎」一頁。
(52) 前掲「日本君主制の合理的基礎」二〜三頁。
(53) 田中「天皇制の弁明」（『朝日新聞』一九四六年一月二四日、『政治』、一九九頁）。
(54) 前掲「日本君主制の合理的基礎」四頁。
(55) 前掲「天皇制の弁明」二〇〇頁。
(56) 前掲「日本君主制の合理的基礎」七頁。
(57) 前掲「新政治理念と自然法」四一頁。

(58) 前掲「民主主義と真理」六八頁。

(59) 前掲「民主主義と真理」七一頁。ゆえに田中は、教育勅語について「今後に於て引続いて道徳的権威を保持してゐる」と肯定的な評価をする（前掲「国民道徳の頽廃とその再建」一五〇頁）。教育勅語は真理を尊重した天皇によって述べられ、様々な道徳規範が網羅的に盛り込まれている、まさに自然法を文章化したものだと田中は捉えていた（田中「教育勅語論議」『朝日新聞』一九四五年九月、『政治』、一八六頁）。敗戦前に運用を誤ったことを問題視するのである。こうした田中の姿勢は、天野貞祐文部大臣の「国民実践要領」や田中自身も関わった「期待される人間像」へとつながっていったと思われる。

(60) 前掲「天皇制ニ就テ」三四コマ。

(61) 河西前掲『「象徴天皇」の戦後史』第一章。矢部は個人の人格の尊重は主張しつつも、協同民主主義の必要性を説いて、秩序ある共同生活の維持を重要視していた。

(62) 河西前掲『「象徴天皇」の戦後史』第一章。

(63) その後のクリスチャンと天皇制の関わりについて論じておきたい。一九四六年四月二七日、天皇皇后はアメリカのプリスビテリアン（長老派）教会全世界大会へ出席する世界YWCA副会長・日本基督教女子青年会会長の植村環を皇居へ招いた。植村は明治・大正期の日本のプロテスタント指導者であった植村正久の娘で、アメリカのウェルズリー大学を卒業し、女性牧師としても著名な人物であった。天皇は植村に「世界から日本への誤解を取り除くために働いてきてほしい」と述べ（高橋紘・鈴木邦彦『天皇家の密使たち』現代史出版会、一九八一年、後に文春文庫、一九八九年、一一三〜一一四頁）、彼女は渡米後にトルーマン大統領へその言葉を伝えたほか、アメリカ各地で講演活動を行って対日感情融和や天皇の戦争責任回避のための世論対策を担った。つまり彼女は、敗戦後に天皇制を残す役割を担った一人となったのである。植村は帰国後、天皇の娘である三女孝宮・四女順宮・五女清宮などに対して、聖書の話をするように頼まれ、それから五年ほど聖書やイギリス王室などの話をするようになった（牛島秀彦『ノンフィクション皇太子明仁』朝日新聞社、一九八七年、後に『ノンフィクション天皇明仁』河出文庫、一九九〇年、一三七頁)。このように皇族がクリスチャンから進講を受けることはアジア・太平洋戦争のさなかにもあった(原武史『皇后考』講談社、二〇一五年、四九九～五〇一・五一三～五二八頁)が、敗戦後になるとより盛んになった。

一九四六年一月には、天皇はキリスト教を学ぶために賀川豊彦の進講を受けている。その後も、カトリックについては田中耕太郎に、プロテスタントについては英文学者の斉藤勇東京帝国大学教授から講義を受けた。このように天皇が敗戦直後においてキリスト教について集中的に教えを受けたのは、国家神道廃止をにらんでの山梨勝之進学習院長による意向があったという(牛島前掲『ノンフィクション天皇明仁』一三七～一三八頁)。天皇自身も田中の進講では熱心に質問を繰り返し(原武史『「昭和天皇実録」を読む』岩波新書、二〇一五年、一九〇～一九一頁)、斉藤の話も聞きながら何度も頷いていたという(高橋・鈴木前掲『天皇家の密使たち』一二九～一三〇頁)。このように、昭和天皇はクリスチャンからの話を聞き、キリスト教に関する知識を得ることに熱心であった。田中は本論で展開してきた持論を天皇にも話したのではないだろうか。

以上のようなキリスト教との敗戦直後の接触によって、天皇や皇族が何を得たのかははっきりとしない。しかし高松宮はこうした問題に対し、神道は「教理や神学的な面が空虚だ……神道に欠けているものをキリスト教とタイアップすることによって学ぶべきではなかろうか」と発言したという(高橋・鈴木前掲『天皇家の密使たち』一三二頁)。国家神道が解体され、天皇制の「民主化」がなされつつあったこの時期、そうした戦前の体制に対する反省が天皇や皇族のなかに生まれ、天皇制を継続し一宗教としての神道を戦後も存立させるような体制に立て直すため、そこへキリスト教の思想を取り入れる必要性が考えられたと思われる。

また、クリスチャンからもそうした姿勢をサポートする試みがあった。その一つが、一九四六年元旦のいわゆる「人間宣言」である。もともとはGHQが、前年の国家神道の廃止などを盛り込んだ神道指令を受けて、天皇自身に神格化否定を発表させる案を考えたことから始まる。宮内省は学習院の英語教師レジナルド・ブライス(先述の斉藤の推薦によって学習院に就職)に案文作成を依頼、ブライスは民間情報教育局の教育課長であったハロルド・ヘンダーソンとともにそれを行った。その案文を基に天皇などの意向を聞きながら、幣原喜重郎首相が原案を起草、前田多門文部大臣などが推敲して再度天皇の意思を確認しながら、最終案が作成されて公表された（牛島前掲『ノンフィクション天皇明仁』一五七〜一六〇頁など）。この「人間宣言」は、天皇制の「民主化」を人々にイメージさせ、その後の象徴天皇制形成を決定づける重要な出来事となる。そして日本側で「人間宣言」発表までに重要な役割を果たした前田文相も、新渡戸稲造の門下でクエーカー（プロテスタント・フレンド派）であった。彼はキリスト教人脈を使いながら、「人間宣言」を最終的に作成していったのである。敗戦後に天皇制を存続させるためにキリスト教関係者が積極的に動いていた例と言えるだろう。

一九四八年、当時の芦田均内閣は宮内府を総理府外局として首相の管理下に置き、首脳交代・人員削減を迫った（翌年に宮内庁へ）。中道政権の芦田内閣は天皇の権威を戦前のように復活させるのではなく、象徴天皇制の実質化を目的としてそうした政策を実行しようとする。そこで長官に就任したのは、安倍能成学習院長の推薦した田島道治昭和銀行頭取であった（安倍も田島もクリスチャン）。また、芦田は同時に侍従長の交代も行い、田島の求めに応じて三谷隆信学習院次長が就任する。彼もまたクリスチャンであった。つまり、象徴天皇制を表で支える宮内庁長官、裏で支える侍従長ともにキリスト教関係者で占められたのである。田島は一九五三年に宇佐美毅宮内庁次長に長官を譲って退任するも、皇太子妃に正田美智子を決定する過程に大きな役割を果たしていく（河西前掲『「象徴天皇」の戦後史』第六章など）。後任の宇佐美もまたクリスチャンであった。宇佐美は一九七八年まで長官を、三谷は一九六五年まで侍従長を務めており、田島を含めて彼らクリスチャンが象徴天皇制の定着期に内側から皇室を支えたのである。

そして、皇太子妃として一九五九年に皇室に入った美智子妃は、カトリック系の聖心女子大学出身であった。美智子妃は皇太子妃としての仕事を模索するなかで、福祉活動に積極的に関わっていく（河西秀哉「美智子皇后論」吉田裕・瀬畑源・河西秀哉編『平成の天皇制とは何か』岩波書店、二〇一七年、三四〜三九頁）。その背景には、聖心女子大学で学んだキリスト教主義的な思考があったのではないだろうか。皇族にはもともと慈恵主義的な側面はありつつも、美智子妃は特に熱心に福祉活動へ関わっており、現在の「平成流」と呼ばれるスタイルは美智子妃から伝播したものであった。また、彼女の相談相手ともなった精神科医の神谷美恵子の影響があったものと思われる（宮原安春『神谷美恵子　聖なる声』講談社、一九九七年、一〇～四六頁）。神谷は前述の前田多門の長女であり、ここでもキリスト教人脈が象徴天皇制の内実を形成するのに果たした役割を見ることができるだろう。日本においてそれほど多くはないクリスチャンが、これほど象徴天皇制と関わっていたのである。

以上のように、象徴天皇制は定着過程において、キリスト教人脈が皇室内に浸透し、彼らはその内実を埋める役割をリードしていた。この時期、政治の世界では憲法改正に伴って天皇を「元首」化しようとする動きも存在したが、彼らが埋めた内実は戦前の天皇制とは異なる大衆化社会に適合した新たな天皇制のあり方だった。

第5章　戦争責任論と象徴天皇制

はじめに

本章では、戦後史のなかでの戦争責任論と象徴天皇制の連関の様相を明らかにしながら、近代天皇制が戦前からどのように変化しつつ象徴天皇制として形成され、そしてそれが定着していったのかを論じる。

周知のように、アジア・太平洋戦争の敗戦に伴って、国内外で昭和天皇の戦争責任論・退位論が数多く提起された。こうした主張を巧みに切り抜けながら、近代天皇制は象徴天皇制へと転形し、敗戦後も天皇制の存続が図られた。昭和天皇自身も戦争責任を回避し、退位せずにその後も在位し続けた。赤澤史朗や吉田裕などの先行研究は、象徴天皇制へと変化するなかで戦争責任論・退位論がいかにその制度形成と関係があったのか、または影響したのかを解明してきた(1)。

また先行研究のなかでは、安田常雄・中村政則・松尾尊兊が「第三の道」を提示したことが注目される。[2] 昭和天皇を退位させずに天皇制を存続させる、昭和天皇を退位させて天皇制を廃止するという二つの選択のほかに、昭和天皇を退位させつつ天皇制を存続させるという「第三の道」という選択肢が存在したという問題である。こうした「第三の道」の議論は、主にオールドリベラリストと呼ばれる知識人が提起した。また『読売新聞』が一九四八年八月一五日に掲載した世論調査では、天皇制は存続させるが昭和天皇は退位したほうがよいとの回答が約二割あった。[3] つまり「第三の道」は敗戦後それなりに浸透しており、有力な選択肢でもあった。本章が戦争責任論のなかで退位論に注目するのは、ここに理由がある。

これまでの筆者の検討のなかや前章でも若干ではあるが触れてきた[4]ように、象徴天皇制の展開過程においても戦争責任論・退位論は様々な局面において浮上した。昭和天皇が継続して在位した以上、つまり「第三の道」が選択されなかった以上、戦争責任問題は解消されずその後も展開されたのである。象徴天皇制という制度が形成される過程のみならず、その制度が確立し展開していた過程のなかでも、そうした議論は「象徴」の内実に影響を与えた。言い換えれば、戦争責任論・退位論と象徴天皇制の連関は敗戦直後に限定される事象ではなく、戦後社会において継続された大きな問題であった。こうした事実を踏まえ、本章は一九六〇年代までを射程に入れながら、各々の時期の戦争責任論・退位論と象徴天皇制の関係性を解明することを目的とする。そして、そのような議論がいかに「象徴」の内実を規定したのかを提起したい。

ところで、戦争責任論とは必ずしも昭和天皇の法律上・政治上の責任を問うものではなかったことに留意しておく必要がある。本論でも詳しく述べるように、むしろ天皇制を維持するため、それを回避した上で、天皇の道徳的責任を追及するところにその特徴があった。また、天皇制から「人間」としての天皇を救い出すとの議論も存在した。これも道徳的責任論から派生した一つの主張である。ここで検討の中心とするのは、このような道徳的責任から展開された戦争責任論である。

第一節　敗戦直後における戦争責任論と天皇制

外務省の動きと知識人

ポツダム宣言やアメリカの初期対日方針は、日本の統治機構の改革を強く要求していた。そこで日本政府、特に占領軍に直接対応する外務省は、連合国・占領軍から予想される要求を先取りする形で、自主的発意による天皇制の変革・憲法改正の模索を敗戦直後から始めた。これによって、天皇への戦争責任追及の回避を図ろうとしていたのである。

外務省では一九四五年一〇月九日に「自主的即決的施策確立要綱」を策定し、「統治制度及統治組織ノ改革」として「皇室制度ノ合理化ヲ図ルト共ニ大赦、皇室財産ノ御下付等ヲ行ヒ国民ノ皇室ニ対スル信仰ヲ新タニシ以テ国体ノ護持ヲ完カラシムルコト」と「憲法ヲ改正シ之カ運用上民主主義精神ニ依ル輔弼制度ヲ確立スルモ大概ハ時ニ応シ能動的ノモノタラシムルコト」を掲げていた(5)。

そして同月一一日には「帝国憲法改正試案」を作成する。[6] そのなかでは憲法改正の方針として第一に、「天皇制度ノ維持」を挙げた。「天皇制度ハ帝国肇国ノ大精神ニシテ本制度ノ除去ハ日本帝国ノ滅亡ナリ。如何ナル事態ニ相遇スルモ本制度ノ維持確立ハ帝国存立ノ絶対的基盤ト言フベシ」との理由からである。方針の第二に、「天皇ト国民トノ中間機関ノ排除」を挙げた。その説明は「本点ハ主トシテ民主化ト合理化トノ趣旨ニ出ヅ。従来　天皇ト国民トノ中間ニ存在スル機関ニシテ法律上責任ヲ有セズ而モ国民トモ何等関係ヲ有セザルモノ相当存在シ（例ヘバ内大臣、枢密院ノ如シ）之ガ為機構ノ複雑化セル外国民ノ意思ノ上通ヲ塞ギ為ニ立憲君主ノ政体ハソノ本来ノ姿ヲ損ハルルニ至レリ、茲ニ於テカ　天皇制度ノ確立ヲ妨害スル斯ル組織乃至制度ノ徹底的排除ヲ策シ特権的階級ノ絶滅ヲ期スベキナリ」とされている。つまりここでは天皇制の存続が第一条件となっていた。また、総力戦体制の経験から中間勢力の排除が提起されていた。このような「一君万民」つまり民衆と天皇との結びつきを、敗戦後のこの時期に政府は実現しようとしていたのである。この民衆と天皇との結びつきという思考こそ、象徴天皇制を根拠づける概念の一つとなる。それは、この外務省の憲法改正案のように戦前の経験に基づくものであった。また、ポツダム宣言の受諾は日本国内に民主主義を受け入れるということであり、政府・外務省も天皇制という制度の存続のためには天皇大権の削除もやむを得ないと考えていた。こうした政府の姿勢は、近衛文麿元首相らいわゆる穏健派の動向とも通底していた。[7]

ところで敗戦直後の政府内部では、来るべき連合国からの占領改革要求に先手を打つ形で、天皇制維持の合理的根拠を与えるための作業も展開され、知識人の知を動員する方策が実行されていたことは前章でも述べた。このなかで知識人らは基本的に、天皇制をそのまま存続させるのではなく、その改革は必要だと構想する。また民主主義をどのように日本へ導入し、天皇制との整合性を図っていくのかも大きな課題であり、そのための知識が展開された。

繰り返しになるが、この作業に参加した高木八尺東京帝国大学法学部教授は「国民共同体」内部に天皇を埋め込み、親愛感に基づく非政治的な民衆と天皇との一致・一体性を強調し、それを日本的民主主義と主張する。こうして天皇の戦争責任を回避させながら、天皇制の存続を図ろうとした。

これに対し、矢部貞治東京帝国大学法学部教授は同じ政府・外務省による知の動員のなかでも、高木とは異なる見解を提出している。結論を先取りして言えば、戦前の議論を焼き増ししつつ、敗戦後にあたっての変化も見せた。一九四五年一一月に内閣書記官局によって実施された聞き取りのなかで矢部は、民衆と天皇との結びつきを強調し、民衆と君主との闘争のなかで生まれた西洋流の主権論を排除する。

日本デハ一君万民トカ万民翼賛トカ謂ハレテ居ルヤウニ、天皇政治ハ民主的ノ要素ヲ含ンデ居ルト思フ。……唯今マデハ神懸リ的ノ国体論デ何カ神秘ナモノニシテアッタト云フ所ニ間違ッタ点ガアルノデ、矢張リ日本ノ国体カラ言ッテモ民主主義ノ長所ト調和出来ルモノト思ッテ居ル。……天皇ト国民ガ対立シテ争ッテ来タト云フコトハ、歴史ノ上ニ於テ一ツモナイ。寧ロ天皇ト国民トノ間ニ居ツテ、政治ニ携ツテ居タ武家公卿官僚ナドガ国民ト争ツテ来タノデ、主権ガ天皇ニアルトカ人民ニアルトカイフヤウナ事ハ日本ニ於テハ取立テテ言フ程ノ意義ハナイ。ソコデ民主主義ハ政治上ノ運営ノ一ツ法式デ、人民主権ト必ズシモ結ビ付イテ居ルモノデハナイ、ト斯ウ理解シナクテハナラヌト思フ。サウシテ、ドンナ民族デモ民族統一ノ中心点ハ必ズナケレバナラヌ。社会ガ色々ト変動スル場合ニ於テ、社会ノ安定ノ中心トナルモノハナケレバナラヌ。政治ハ、国柄トカ国民ノ感情トカ伝統トカイウヤウナモノヲ考慮ニ入レタ上デノ政治デナケレバナラヌノデ、サウイフ意味カラ言ヘバ、天皇ヲ除イテハ民族統一ノ中心的、社会安定ノ中心点ハナイ訳デ、天皇ノ御地位ハ不動ダト思フ。……大体イギリスノヤウナ形ニスルガ、ソレハ憲法デモアル程度採ラレテアリ。嘗ツテモ憲政ノ常道トシテアツタノデアルカラ、ソレヲ憲法ナリ選挙法ナリヲ今少コシ民主化シテ、アノ形デ日本ノ発達シテ行クトイフコトガ結局正シイト思フ。結局イギリス流ノ議会政治ニナリ、随ツテ天皇ノ御地位モイギリス国王ノ地位ニ近ヅイテ来ルトイフ事モ已ムヲ得ナイ(8)

矢部はこのなかで、明らかに戦前の思想を転換させていた。権力の集中を強く説く戦前の矢部の姿はここからはかいま見ることはできない。矢部は、民主主義と天皇制の適合性を強調し、その歴史性を述べることで天皇制維持を図ろうとしていた。そして矢部は歴史的根拠に基づき、天皇大権の削除や民衆と天皇との結びつきという「一君万民」を実現することこそ、日本にとっては民主主義を実現することになると主張し、民主主義と天皇制を接合させようとした。また、民族の中心としての天皇の存在を強調することで、治安・体制維持のための天皇制という制度の維持、そして敗戦後においても天皇を中心とした国民統合を図ろうとする。これは政府の動向や先の高木の思想とも通底する考えであろう。

しかしここから矢部の独自性が発揮され、天皇制という制度と天皇個人の分離が行われた。そうすると、「第一に為さるべきことは、今上天皇の自発的退位である……今上天皇が具体的に国政を親裁せられたか否かという事務上の責任問題は何であれ、国家の元首としての戦争責任は免れざる所に属する。自然人格としての天皇が責任を明らかにせられることは却って宝位としての天皇制を保持する所以でもある[9]」と、天皇は道徳的中心であるがゆえに、道徳的戦争責任を引き受けざるを得なくなる。民衆との関係性が重要視されれば、民衆への道徳的責任も浮上する。矢部はそこで天皇の自発的退位論を主張したのである。このように、政治的戦争責任を回避しつつも天皇制を維持するためには、天皇は道徳的戦争責任を取る必要があるとの思考が生み出された。ここには、天皇の「人格」を強調する戦前来の議論が根底にあったと思われる。

天皇制と社会主義、そして退位

敗戦後、民間でも様々な天皇制論が展開された。戦前に日本共産党委員長を務め、治安維持法違反で検挙・無期懲役の判決を受けた後、獄中で転向声明を出して天皇を尊重した社会主義運動（一国社会主義運動）を行うことを宣言した佐野学も、敗戦直後に多くの天皇制論を発表した一人である[10]。

佐野はこれまで天皇制は「歴史を超絶し階級を超絶する神的存在として説明されてきた」が、それゆえに問題だとして天皇制の歴史について検討を加えた[11]。天皇制も一つの「歴史的成立物」であるとの認識の下、その主張を展開していったのである。戦前の天皇制との決別であった。彼によれば、天皇は原始国家の氏族の首長から生まれたもので、征服を重ねて次第に権力を拡大していった。しかし古代国家にあっては天皇の権力は民衆から遊離したものではなく、「中間的介在物が最も少かつた」。それゆえにこの時期に「今日まで連続する皇室崇敬感情」が形成されたという。しかし問題は近代である。明治維新は不徹底な革命であり、封建勢力が残りその「専制主義的意欲の下に天皇神聖、絶対不可侵の説明を作為して欽定憲法を作つた。これは天皇権力自ら人民との遊離を用意した」と佐野は述べる。これによって「天皇は国民的天皇から階級的天皇へと逆転した」と強調した。佐野はこのように講座派的な歴史認識を有していたと言える。そして近代天皇制を異質化し、民衆と近しい天皇制こそあるべき姿だと考えたのである。

また、民衆が天皇制を支持する感情についても佐野は分析を加えている。彼によれば、そのなかには迷信・排外主義的な感情からのものもあり、それらは排除すべきだと述べる[12]。近代天皇制において染みついてしまったこうした感情を取り払うことが彼にとって課題であった。しかし一方で、民衆の天皇制支持の感情にはポジティブな意味もあるという。それは、「天皇を国家的独立の表徴なりとする感情」「日本の世俗道徳の中心をなす家族主義的感情」「歴史を愛する感情」「原始共産主義を憧憬する感情（現実社会の不完全性に失望して完全社会を憧憬する感情）」だと佐野は見た。天皇は日本という国家を「象徴」し、また道徳的かつ歴史を「象徴」する存在である、こうした要素を天皇制への民衆の感情だと見る佐野の思考は、その後の象徴天皇制を予感させるものであった。

そして佐野は、「これを急激に廃止すると非常な混乱が起って来る可能性」があるとの理由も述べつつ、天皇制を存続させることを主張する。[13] ただし戦前の天皇制は「軍国的階級的天皇と呼ぶべきもの」で、その内容は変えるべきだと述べた。しかし、イギリス式の立憲君主制には「政治の圏外に立つ君主といふことは殆どナンセンス」と言い切り、「天皇は少くとも活動の空気の中に住み人民権力機関として人民と結合してそれ相当の権能をもたねばならない」と強調した。[14] 主権は民衆にありつつも、天皇は彼らと結合するべきという佐野の意見は、「一君万民」が声高に叫ばれた総力戦体制の経験からであろう。矢部などとも通底する思考である。佐野の論の興味深い点は、「天皇の文化的大権」を強調したところにある。彼は「平和国家たる日本においては科学や芸術の研究機関や優秀な精神的生産物に褒賞を与ふる大権などが新たに憲法規定となつて然るべきである」と強調する。敗戦後、「軍事国家」から「文化国家」へと日本が転換するなかで、天皇もそうした役割を積極的に担うべきだと主張したのである。[15] それには、天皇が文化を奨励することを憲法に規定する必要がある、佐野はそう説いた。

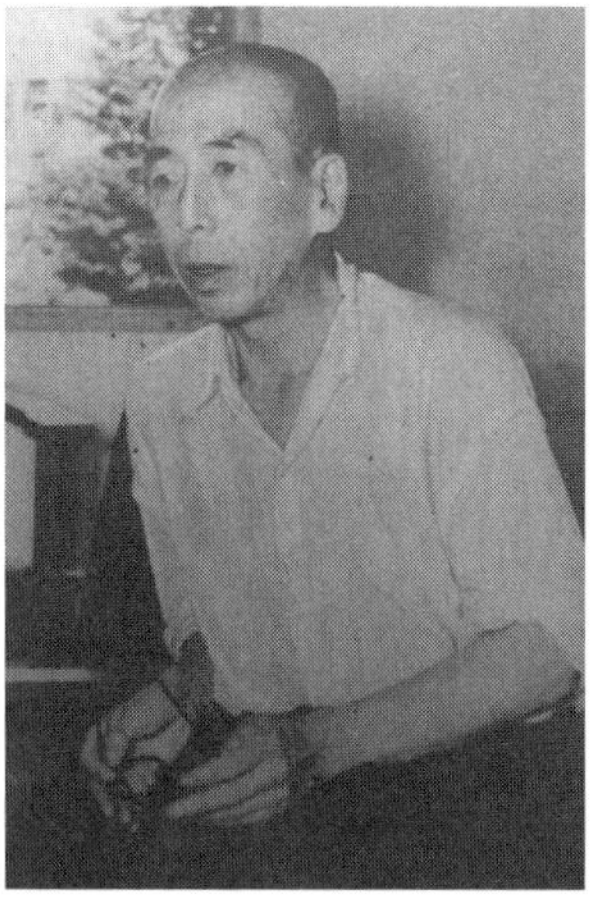

佐野学

たのである。
大正期に原敬首相が展開した「慈善恩賞の府」という構想は、敗戦という変化のなかで再び登場し

佐野がこうした天皇制を構想した背景には、社会主義を敗戦後の日本において展開・定着させたいという思いがあった。先述したように、明治維新を不徹底な革命と捉えていた佐野は、この敗戦時こそ「民主主義革命」を進展させるべきと考えた。[16] これは労働者や農民、学生など「広汎な生産大衆」によってなされるものであり、「かれらの意欲を表現し得る権力形態はもはや議会でなく、広汎な下からの民主々義による人民委員会形態である」と佐野は述べる。その時、従来の天皇制は階級を代表する存在であり、こうした人々の欲求に応えられないと彼は考えた。

そこでまず、天皇を「超人間的存在」から「人間化」し、非合理性を取り除くことを提起する。そうすることで民衆と直結する存在となることができるとともに、彼らが活動する場に立ってその意識を汲み取ることができる、そうすればより民衆と直結することができる、佐野はそう考えたのである。また、財産を自ら放棄することを提案し、それによって民衆と「結合し国民道徳の権威的存在となり得る」と強調した。この財産放棄という考え方は、同時期に哲学者の田辺元なども提起しており、[17] それによって民衆と天皇との精神的な関係を強固にしようと構想していたのである。このようにして、天皇は「労働者農民其他生産者大衆の意志を代表する機関」として、「自ら社会主義者となられること」を佐野は主張した。

しかしそれだけではない。佐野は天皇制に対する民衆の感情と天皇個人に対するそれとの間には

相当の差異があると見、「率直にみて、現天皇に対する国民の信頼感情は希薄になつてゐる」と述べる。昭和天皇はアジア・太平洋戦争の時代に天皇であったことは事実であり、法律上責任があったかどうかは関係なく、「一国の元首は最も責任感の強きものでなければならぬ」からこそ、民衆に対して何らかの責任がある、と佐野は問うた。それゆえ、昭和天皇の退位を主張するのである。民衆に対する道徳的責任を天皇が取ることで、民衆と直結し「民主主義革命」の先頭に立つことができる、佐野はそう考えた。こうした思考は矢部などとも通底している。このように、敗戦に伴って新たな社会を形成していくにあたって、何らかの責任を天皇は取るべきである、との議論は広がりを見せていた。

戦争責任論の提起から

以上のような敗戦直後の天皇制に関する議論からは、次の三つの論点に発展していくと思われる。第一に、「個」としての天皇の存在を明確にしたことである。退位論は天皇の自発的な意思を前提としており、「個」「人間」としての天皇の決断を求めている以上、天皇制という制度ではなく、天皇個人そのものの存在を浮上・焦点化させることとなった。

この点について興味深いのが、中野重治の小説「五勺の酒」である[18]。中野は、侵略戦争を行った天皇制・天皇を批判してその戦争責任を追及すること、そしてそれを支える敗戦後の日本人の道徳的退廃状況を問題視し、その立場からこの小説を描いた。

恥ずべき天皇制の退廃から天皇を革命的に解放すること、そのことなしにどこに半封建性からの国民の革命的解放があるのだろう……道義、民族道徳樹立の問題をのけておいて、どこに国の再生があるだろうか……そうして、天皇と天皇制との具体的処理以外、どこで民族道徳が生まれるだろうか[19]

このように中野は、「同胞としての天皇」の存在を強調しながら、彼を非人間化している天皇制から天皇個人を解放する論理を打ち立てた。こうして、天皇制と天皇個人、つまり制度と個人を分離すること、そして天皇制・天皇と道徳という概念を結合させることが、戦争責任を追及するなかで登場したのである。後者の天皇制・天皇と道徳を結合させる点では、一九四六年の食糧メーデーにおけるプラカード事件は、民衆の窮乏状況のなかで天皇が何らの戦争責任を取らずにいることに対して、「詔書　国体はゴジされたぞ　朕はタラフク食ってるぞ　ナンジ人民飢えて死ね　ギョメイギョジ」という文言のプラカードを掲げ、天皇の「人格」の不道徳性・非倫理性を批難するもの[20]であり、天皇制への批判とともに天皇個人としての戦争責任追及、そしてそこに道徳性の問題が付与されるという一面を有していた。天皇を個人として扱うこと、その道徳性を問うこと、天皇制・天皇と道徳を結合させること、これらは敗戦直後の時期、一定の広がりを有する議論として存在した。

第二に、道徳的責任論から想起された退位がいかに回避されたのかという点も考えておきたい。まず、道徳的責任論は政治責任論へと結びつく可能性があった。共産党の野坂参三は政治制度としての天皇制は廃止しつつ、宗教的な機能としての制度は残すことを提起したことで知られているが、「現在の天皇は最高統帥者と最高統治者としての責任の外に、精神方面においての責任をもたなければならぬ(21)」と述べて、政治上の責任から道徳上の責任へと発展する可能性も示唆している。それは、道徳的責任が政治責任へと転化もしくは両者の責任が同様に捉えられる危険性をも示す。それゆえ道徳的な責任を感じて昭和天皇が退位することは、天皇制の崩壊を招く危険性があったと思われる。

これまで繰り返してきたように、道徳的責任論は「人間」個人としての昭和天皇の責任を問うていた。これは天皇の個人の責任を問うがゆえに、それを追及していけば、国民が各々の戦争責任を問うことにもつながる可能性があった。つまり、退位が人々に強く主張されることがなかったのはこうした問題を孕んでいたからだと思われる。このようにして、相互に戦争責任を問わない姿勢が生まれたのである。

そして、天皇への「同情」がある。次のような感情の吐露が代表的であろう。

私は、満州奥地からの引揚者でした。天皇の軍隊に置きざりにされた私たちは、難民になりました……私はそういう棄民の、慚愧と呪いを聞きつづけて日本にたどりつきました。だから、かなり屈折した気持で、天皇の九州行幸を見ました……しかし、生身の天皇との出会いはショックでした。車窓の奥の天皇は、まぎれもなく人間でした。私は、それまで持ちつづけていた天皇に対する自分の気負いが、風船玉がしぼむように、急速に萎えていくのをしりました。胸

の中につかえていたもやもやが消えていくのを、得体のしれぬ複雑な思いでながめていました[22]

これは、生身の昭和天皇個人を見たからこそ巻き起こった感情と言えるだろう。漠然とした天皇制という存在に対する思いではなく、天皇個人を見た時に彼を自分と同じ「人間」として認識し、それがゆえの感情が生起してしまったのである。そして天皇が自分と同じように敗戦という状況に苦しんでいると思い、「〈あの人も大変だなあ〉と感じた」。同情し、責任追及する意識がなくなったのである。全国巡幸によって天皇の姿を直接見たり、マスメディアを通して知った国民のなかには、同じような感情を有した人もいたのではないだろうか。

第三に、議論のなかで登場した概念が象徴天皇制の支持基盤へと転化したことである。非政治性・親愛感に基づく一体性（統合力）・人間・道徳・歴史。こうした概念は「象徴」と規定された日本国憲法を制定する議会のなかで、政府が盛んに展開した議論であった。その後も象徴天皇制擁護のために知識人が論じたテーマである。つまりこれらの概念は、象徴天皇制の存立基盤となっていった。また個人としての天皇の存在は、一九四六年一月一日のいわゆる「人間宣言」と呼ばれる詔書の名称や概念を定着させることにもつながったものと考えられる。天皇を個人として認識すればするほど、制度ではなく、一人の人間として意識するからである。ただし、昭和天皇が退位をしなかったことで、道徳・人間などをめぐってその後も戦争責任の問題は残り続けていく。その点は後述したい。

第二節　象徴天皇制の模索――占領中期から後期

外務省担当者による退位論

一九四七年五月三日、日本国憲法が施行され、天皇は「象徴」となった。しかし昭和天皇は退位せずそのままスライドし、「象徴」の内容も明確に定義されず曖昧なままであった。そのため、その後も様々な動きが展開していくことになる。

一九四八年、東京裁判結審後、昭和天皇退位論が再び提起される。その端緒は『週刊朝日』五月一六日号の三淵忠彦最高裁判所長官による、天皇は「自らを責めることは妨げられない」「終戦当時陛下は何故に自らを責める詔勅をお出しにならなかつたか、ということを非常に遺憾に思う」という発言であり、これを契機として退位の観測が広がり、数多くの天皇退位論が展開された[23]。

この時期、三宅喜二郎外務省特別資料部第一課長「御退位問題と戦争責任問題[24]」のように、政府内でも退位論が展開された。これは『週刊朝日』の記事の後に作成された文書で、芦田均首相に提出されたものである。三宅は第４章で検討した敗戦直後に知識人を動員して天皇制維持のために知の動員を行った時の外務省の担当者・責任者であり、天皇制や退位に関する問題をその時以来継続して思考していたと考えられる。

三宅はまず、多くの天皇退位論者が旧憲法下において天皇が「元首」・「統治権の総攬者」・「大元帥」であったことから漠然と退位論を展開していると指摘し、しかし天皇は国務大臣の輔弼を受けていた以上、憲法上・法制上、開戦・敗戦に関する責任はないとする。

では、政治上の責任はどうなのか。天皇が開戦を積極的に主張した事実はなく、開戦に伴う軍部と内閣の意思は一致しており、天皇は軍部の行動に注意と反対意見を与えていたと三宅は見る。こうした認識から、「天皇は普通の立憲君主としての政治上の責任は果たされたと言えるのである」と述べ、政治上の責任もなしと主張したのである。彼は立憲君主の範囲ならば天皇に政治上の責任はないと考えていた。しかも「飽迄開戦に反対せられたらんことを独り天皇に求めるは、求める方が無理ではなかろうか。少くとも、普通の模範的立憲君主に対するものとしては、余りに多くを期待し、難きを求めるものと言わねばならぬ」と、政治上の戦争責任は終局的には民衆が引き受ける必要があることを示唆した。民衆みなが戦争責任を負うという、敗戦直後の破綻した一億総懺悔論に似通った論理を展開したのである。

三宅は道徳上の責任についても論じる。法制上の責任に対しての道徳的責任という観点から言えば、政治上の責任も道徳上の責任に属するのであり、民衆としては天皇を道徳的にも責めるべきではないと断じた。しかし三宅は次のように述べた。

天皇の御力及ばずして陛下の御代に斯くの如き未曾有の不祥事が起つたことに対しては、従来特殊の倫理的性格をもつて居た我国の天皇として、陛下御自らにおかれて、祖宗に対し、また国民に対し、特殊の道徳的責任を感じて居られるであろうことは自然である……要するに天

皇としての特殊の道徳的感情である

つまり、民衆からは天皇の道徳的責任論を求めるべきではないとしつつも、天皇の自発的な道徳的感情としての戦争責任の発露については許容、むしろそれが自然だと考えていた。こうした思考は矢部の論と通ずるところがある。

では、天皇の自発的な道徳的責任論を展開した三宅は、退位についてはどのように思考していたのだろうか。先述したように、天皇の政治上の責任はなしと三宅は考えていたため、その観点からの退位はあり得なかった。しかし道徳上は違った。

御退位の意義は、ただに自然人としての今上陛下の、今次戦争に関する道徳的感情を顕現し、道徳的責任を解除するという点に止まらず、これによつて宝位としての日本国天皇の権威を護持し、天皇制の道義的基礎を悠久に伝えることになるという点にも存するのである

このように三宅は、天皇制維持のための道徳的退位論を展開する。ここでも、天皇を道徳的存在として捉えつつ、天皇個人と天皇制を分けて考え、制度を守るための退位論が主張された。これによって、天皇に対する民衆の意識は変化し、日本国内の政治的安定・民衆の団結につながると三宅は思考していた。矢部や佐野と同じ思考であろう。

そしてこの意見書を結ぶにあたって、三宅はあくまで自身の論が道徳的退位であることを強調する。彼は戦争犠牲者に対する意識を考慮しているが、それは退位の理由が政治上の瑕疵ではなく、あくまで民衆に対する天皇の道徳的な思いとの状況を想定したからであろう。民衆のことを思って

退位した天皇を見せることができれば、その道徳性に感化され、そして民衆と天皇との関係は強固なものとして構築される。

三宅はまた、退位後の天皇に宗教や芸術・科学などの文化的な役割を与えようとしていた。そうした概念こそ、象徴天皇のあるべき姿と三宅は意識していたからではないだろうか。政治的な部分ではなく、そうした文化や宗教に特化した形の新たな天皇制によって、民衆は統合されると見ていたのである。それによって「象徴」に新たな内実を加えようとしていた。

戦争責任論の広範化

このように昭和天皇の戦争責任を認める議論は、三宅のみならずこの時期、広がりを持っていた。日本輿論調査研究所が一九四八年に知識人へ行った退位に関する調査のなかで矢部貞治は、「天皇制を純正ならしめるために退位は必要」と回答した[25]。つまりここで矢部は、昭和天皇は「象徴」になったとしても戦争責任論がつきまとうことを示唆し、象徴天皇制をこの後に定着・展開させる、彼の言葉で言えば「純正」にするために退位すべきと主張したのである。

また、横田喜三郎東京大学教授や細川嘉六参議院議員によって同時期に提起された退位論[26]は、法的・道徳的に戦争責任を精算するためのものであり、これは日本国憲法に制定された「象徴」という新しい概念に昭和天皇がふさわしいか否か問われたからこそ提起されたものであった。言い換えれば、「象徴」として道徳的であることが強調されたために、少なくとも道徳的な戦争責任を取っていない昭和天皇はそれを解消するために退位が求められたのである。最終的には天皇は退位せずという決着へと向かうものの、その概念にふさわしい存在として天皇をすえるために退位論が展開されたことの意味は大きいだろう。戦争責任論が「象徴」の内実を規定していく側面であった。

同時期、天皇退位論までは展開しないものの、昭和天皇の戦争責任が言及されることもあった。明仁皇太子の家庭教師であった小泉信三は、敗戦という結果だったにもかかわらず民衆は天皇から離れずむしろ近づいたと述べつつ、天皇の戦争責任論について皇太子に次のような説明をしている。

責任論からいへば、陛下は大元帥であられますから、開戦に対して陛下に御責任がないとは申されぬ。それは陛下御自身が何人よりも強くお感じになつてゐると思ひます。それにも拘らず、民心が皇室をはなれず、況や之に背くといふ如きことの思ひも及ばざるは何故であるか。一には長い歴史でありますが、その大半は陛下の御君徳によるものであります……日本の天皇制が陛下の君徳の厚きによつて守護せられたのであります。

終戦前は今日とちがひ、陛下が直接民衆にお接しになります機会は極めて少なかつたにも拘らず、国民は誰れいふとなく、陛下が平和を愛好し給ふこと、学問芸術を御尊重になりますこと、天皇としての義務に忠なること、人に対する思ひ遣りの深くお出でになりますことを存じあげて居り、この事が敗戦といふ日本の最大不幸に際しての混乱動揺を最小限に止めさせた所以であると存じます。殿下に於てこの事を深くお考へになり、皇太子として、将来の君主としての責任を御反省になることは殿下の些かも怠る可らざる義務であることをよく御考へにならねばなりませぬ……
新憲法によつて天皇は政事に干与しないことになつて居ります。而かも何等の発言をなさらずとも、君主の人格その識見は自ら国の政治によくも悪るくも影響するのであり、殿下の御勉強とは修養とは日本の明日の国運を左右するものと御承知ありたし[27]

この進講録では、小泉は大元帥としての天皇の戦争責任に言及している。小泉が法制・政治上の責任と道徳的責任を区別しているかは判別が付きにくいが、戦争責任を天皇自身は考えているだろうと推定していることから、天皇の道徳的な姿を意識していたと考えられる。つまり自発的退位論につながる系譜である。退位まで展開しないものの、そうした道徳的な責任を痛感する天皇こそ、あるべき天皇像だと説いた。このような人格者としての天皇の姿を小泉は語ることで、「象徴」としてあるべき姿が明仁皇太子へ引き継がれることを期待し、国家を担う存在としての象徴天皇の意味を確認したのである。政治に関わらず、積極的に発言しなくても、天皇の人格は民衆に伝わる、それが国家を左右すると小泉は主張した。このように道徳的責任論を通じて、天皇の個人としての人格がより強調されていくとともに、民衆と天皇との関係性もより意識されていった。

ところで占領中期から後期にかけては、天皇の「人間」概念をめぐる問題性が再び表出する出来事があった。冷戦構造が構築され、いわゆる「逆コース」が展開される。そして、吉田茂内閣は天皇制の権威を再編成する政策を推進する。そこで起きたのが一九五一年一一月の京都大学天皇事件であった[28]。その事件の核ともなった学生(中岡哲郎)執筆の「公開質問状」は、戦争責任問題や個人としての天皇と制度としての天皇制の関係の問題を凝縮した文章である。「一個の人間として貴方を見る時、同情に耐えません……貴方は何らの自主性もなく、定まつた時間に定まつた場所を通らねばなりません。貴方は一種の機械的人間であり、民衆支配のために自己の人間性を犠牲にした犠牲者であります」と、天皇を「貴方」と呼び、自分たちと対等な立場に置く。象徴天皇制という制度は、「人間」である天皇が戦争責任を取れなくさせてしまうように硬直化していることをあぶりだし、それへの批判を展開する。戦争責任を天皇が取らないこと、それは制度としての天皇制に問題があること、しかし天皇の意思にも問題があること、その両者を指摘する。これは、前述した中野重治が「五勺の酒」で提起した問題意識とも通底する感覚であった。

そうして同時期、サンフランシスコ平和条約の調印発効に伴う占領の終了、独立が現実化してきた。そのような時期に再び退位論が展開されていく。そのなかで矢部は、「法律論や政治論上の責任論を別にしても、その何千年か続いて来た日本の国がこのような異常な状態にいまの天皇の代になったということはこれは法律上や政治上の責任論とは別に、そこに一つのやはり道徳的な問題がある」と述べて、天皇個人の道徳的な責任を再度追及した[29]。これに対して、退位をしないことこそ道徳的な意味を持つとの反論もなされている。例えば『読売新聞』一九五二年四月二八日の記事では、「退位の易きにつきたいのはやまやまであるが、自分にはそれが許されない」という天皇の言葉が紹介され、退位することがむしろ「易き」であり、在位し続けることこそ道徳的責任を取っているとの主張が展開された[30]。退位するにせよしないにせよ、天皇は道徳的責任を果たす存在という前提がこの時期には共有されていたのである。

第三節　象徴天皇制の確立――一九五〇年代以降

対外的な責任と国内

一九五一年一二月に成年となった明仁皇太子の存在は、象徴天皇制にとって大きな意味を持った。「新生日本」にとって、過去の戦争の問題と接点のない皇太子の存在はその概念に適合的であり、国民は皇太子のイメージ・存在を歓迎した。その期待感のなかで、一九五三年に皇太子の欧米への外遊が実施される。これは「新生日本」を対外的にアピールする場になると考えられた[31]。しかし、訪問国では日本の戦争責任を追及する動きもあり、皇太子自身もその影響を受ける。皇太子といえども、日本の皇族である以上は戦争責任の問題とは無縁ではないことをさらけ出したのである。

また講和独立後の外交関係の回復によって、天皇には外交使節を接受する機会がそれまで以上に設定されていく。そうすると、国家を代表して戦争についての何らかの表明をする必要性が生じてくる。フランクリン・ルーズベルト元米大統領夫人が日本を訪問し昭和天皇と会見した際、天皇が「日米両国が戦争になったことを非常に残念に思う」と発言した[32]。このように天皇は外交使節を接受する際、戦争の問題について何らかの発言をする役目を担っていた。戦争に関する天皇の意思表明は、象徴天皇に対外的な「元首」としての役割を持たせる意味を伴わせたと思われる。

ただし、法律上天皇は外国へ行くことはできなかったため、対外的な接触の多くは皇太子夫妻や他の皇族が天皇の代理で行った。例えば、一九六二年一一月フィリピン訪問前の美智子皇太子妃の記者会見を見てみたい。ここで美智子妃は、アジア・太平洋戦争の被害を受けた人々の生活を自ら知りたいと答えた[33]。フィリピンにおける戦争の記憶は未だ生々しく、対日賠償をめぐっては複雑な感情があった。そこに皇太子夫妻が希望して訪問したのである。このように、皇太子夫妻はアジア・太平洋戦争で残された問題に、自ら対峙しようとしていたことをうかがわせる[34]。戦争責任の記憶に向き合う皇太子・皇太子妃の存在も、象徴天皇が対外的に「元首」としての役割を担っていたことを示すものではないだろうか。天皇に代わり、皇太子夫妻が「象徴」の役割を担っていた。

軌を一にして、保守政権による天皇の権威化や日本国憲法改正の動きが活発化していた[35]。そのなかでは「象徴」を「元首」に変更しようとする動きが高まった。しかし知識人や国民感情では、日本国憲法はすでに定着しており、あえて改正する必要がないという意見が大勢を占めた。また「象徴」でも実際には「元首」としての役割を果たしていると見られていた。例えば、次の矢部貞治の意見はその典型的なものである。

この憲法もすでに十年の歳月を経、現行憲法の天皇制を改めることには、感情的にも政治的にも不安を抱く人が多いようである。筆者も現在では、強いて改正の要はないと考えている。ただ少くとも天皇が、外に向かつて日本国を代表することを明らかにし、条約の批准や外交使節の信任状の受授については内閣の責任の下に天皇の行為とすることが望ましいと考えている[36]

このように、「象徴的元首」としての役割が国内外に定着しており、矢部は対外的に天皇の権能ははっきりさせるべきだと主張するものの、大勢は日本国憲法を改正することに否定的であった。それは、「象徴」に「元首」としての意味合いが込められていたことを意味する。戦争責任を対外的に示す意味もあって、そうした意味合いは一九五〇年代に萌芽的に定着していた。

ところで、この時期の国内における戦争責任の問題については、対外的には最小限度の戦争責任を認めつつ、国内的にはそれを不問に付す（もしくは事実上の棚上げにする）ような状況になっていく。[37] 当然、天皇自身への戦争責任を追及する動きも、講和独立後は急速に低下していった。こうした状況下は、象徴天皇制が次第に民衆のなかに定着する過程とも重なる。歴史学の研究においても、天皇制という機構の問題性すなわち近代天皇制が国家機構構造としていかに戦争に突き進んでいったのか、そのシステムの問題への指摘や分析が集中してなされ、天皇個人の関与やその戦争責任についてはあまり多く取り上げられなかった。[38]

一九六三年に第一回全国戦没者追悼式が開催されるものの、これは侵略か自衛かといった過去の戦争への評価を曖昧にした「内向き」の儀式であった。[39] そのなかで天皇が発した「お言葉」は、次のようなものであった。

さきの大戦において戦陣に散り、戦火に倒れた数多くの人々をいたみ、またその遺族を思い、つねに胸のいたむのをおぼえる。終戦以来、全国民とともにわが国の復興発展と世界の平和を祈念してここに十有八年、本日親しくこの式典にのぞみ、万感胸に迫り、ここに深く追悼の意

を表する[40]

このように、戦没者遺族への配慮はしつつも、天皇は自らの戦争責任については言及しなかった。またこの「お言葉」はそうした戦争自体の問題よりも、復興発展のために国民が努力したこと、つまり敗戦後のあゆみに重点が置かれており、戦争責任への意識が欠けていた。この時期、このように戦争責任を忘却する方向に一方では進んでいた。

再び「人間」であることをめぐって

ただしこうした状況のなかでも、天皇が「人間」であることをめぐって、その問題性を強く指摘する論者が再び登場したことは注目される。一九五六年、皇太子在学中の学習院をモデルにした藤島泰輔の小説『孤独の人』（三笠書房）が出版され、話題となった[41]。それに対して評論家・作家の臼井吉見は、「もともと皇太子というものが、特殊中の特殊の存在であってみれば、国民一般と同じ扱いのできるわけはない。国民一般と同列に「人間として」扱われ、「宙に浮いた非人間性」の強制からまぬがれるためには、皇太子という特殊存在から解放されるほかに道はあるまい」との意見を寄せている[42]。ここからは、臼井が天皇制について批判的な眼を持ってることがわかる。彼は天皇制という制度のなかで「人間」であることは成り立ち得ないと見ており、明仁が「人間」として扱われるためには皇太子を辞めなければならないと考えた。臼井は天皇制の問題性を追及したと言える。しかし単純な天皇制批判でもない。「人間」個人として皇太子を扱うことをも提起しており[43]、その特別扱いを批判したのである。

臼井はこうした視点を有しながら、『展望』一九五八年五月号に掲載した「天皇誕生日に思うこと」のなかで天皇の戦争責任を追及していく。この文章は、A級戦犯赦免をきっかけにして執筆された。そのなかで臼井は次のように述べている。


このへんで、天皇としてはある種の自発的な決断と行動に出られるべきではないだろうか。また現に天皇がそうした考えをもっておられるとしたら、その実現に障害となっているものを取り除くために、国民としてはあらゆる努力を惜しんではならないのではないか……そうでなければ、日本に道徳の成り立ちようがないからだ(44)

このように、臼井は天皇の「自発的な決断と行動」による退位を求めた。これは、天皇自身は退位の意思を持っている、しかし天皇制という制度がそれを阻んでいると臼井が考えていたがゆえの発言ではないだろうか。もしくは、天皇の自発性に期待していたのだろうか。天皇の自発的退位によって、国内に道徳を成立させることができると彼は考えていた。一九五〇年代後半に再び、道徳という観点が提起され、そこで天皇の「人間」としての意思をも表出させることとなった。

この臼井の退位論は、先に述べた中野重治「五勺の酒」や京都大学天皇事件の「公開質問状」と同じ視点を有している。「僕は天皇個人を責めようなとどは夢にも考えたことはない。それどころか、あらゆる日本人のなかで、天皇ほど不幸な存在はかつてなかったし、今も根本的には変りがないと思っている」と述べ、天皇制という制度のなかで天皇の「人間」性が犠牲となっていることを指摘する。しかし、「宣戦を布告した、国の元首としての責任は免れるわけにはいかない」と主張し、天皇の戦争責任、特に開戦に関する責任について追及した。そしてこの戦争責任追及にあたって、臼井は「人間」や道徳という観点を強く打ち出していく[45]。

天皇が今、恒久的に、しかも全体的に基本的人権を取り戻されて、確固たる独立の人間になられることに力を尽くさない理由はどこにもないはずである。それには、まず戦争責任を引き受けることからはじめるよりほかはない。それは天皇が人権を回復される前提条件であると同時に、そのことがなくしては、この国の道徳の成り立ちようのないことは繰り返すまでもあるまい

臼井吉見（安曇野市ウェブサイト「安曇野市ゆかりの先人たち」）

このように、戦争責任を果たすことが天皇の「人間」性を回復することにつながると臼井は見ており、天皇が戦争責任を取ることで国民に道徳的な面を見せ、それが日本の道徳確立に向かうと思考した。これは、責任を取れない天皇制の問題性をあぶり出した言説でもあった。そうした思考は戦争責任の戦後責任とも言える問題であり、臼井は実際の戦争責任以上にそれを問題視していたのではないか。

臼井と同じように天皇制と戦争責任の問題をこの時期

に表出させたのが、城山三郎の小説『大義の末』(五月書房、一九五九年)であろう。[46] 主人公の柿見は、戦時中にベストセラーとなっていた杉本五郎『大義』(平凡社、一九三八年)を読んで感銘し軍隊に入隊する。これは徹底的な尊皇・忠君愛国を説いた書であった。その精神に心酔して命を落とす兵士を間近に見た柿見。しかし敗戦後、人々は『大義』などまるでなかったかのように変質する。柿見はそれが無責任な変容に思えた。そして彼は『大義』の世界・天皇制と対峙することで、自らの存在意義を確かめようとする。

この小説には京都大学天皇事件・公開質問状が登場し、柿見がそれに対して共感する場面も出てくる。柿見はまた、『大義』にかけた情熱を皇太子に求めていく。彼は親愛感を持って皇太子を「セガレ」と呼んだ。それは、「皇太子様(殿下)」と呼んで「遠くへ運び去」ろうとする人々への対抗でもあった。柿見は、人々が皇太子を「歓迎」することこそ、『大義』の世界が敗戦後に立ち現れることのように思えた。小説のなかでは、柿見が在校する東京商科大学を皇太子が訪問する場面がある。その時の皇太子の戸惑った様子を、柿見は自分たちと同じように悩み苦しむ青年として捉え、天皇制という制度のなかでもがいている姿だと認識した。そこに皇太子の「人間」としての姿を見、柿見はより親愛感を持つ。しかし、皇太子の「人間」性が天皇制という制度によって消し去られてしまうことの問題性が指摘される。この主人公の柿見こそ、城山そのものであった。

このような感情を抱いていた城山は、明仁皇太子と正田美智子の婚約・結婚について、「眼もとが熱くなるほど嬉しかった」と述べる。「皇太子は変り、そして天皇家の柵も開かれたのだ」と感じたからだという。しかし、ミッチー・ブームと言われる「狂気のような世の騒ぎ方」に彼の感動は急速に冷却した。

人間らしい存在、別格扱いされない存在に降りてきたはずの皇太子が、あっという間に、別格扱いに騒がれ出したのだ。人間的な結婚で、かえって非人間的にまつり上げられるという皇太子の不運……人間皇太子の御成婚は、この意味では一つの決意のチャンスであった。このときにこそ、「天皇のためならば」とか「天皇家をかつげば」という血に汚れた観念を精算すべきであった。その精算こそ、真に皇太子夫妻の幸福を保証する道でもあったのだ。それが全く逆に動き出したことを、私たちは喜劇と呼ぶべきなのか、悲劇と呼ぶべきなのであろうか(47)

このように、城山は天皇制のなかで皇太子らが「人間」性を犠牲にしていることへの矛盾を突いた。人々の無責任な祝い方で、戦争責任を回収する機会を逃していることを批判したのである。そして、人々の祝い方は戦前と同じようなことをしていると国民の象徴天皇制への関わり方を問題視した。これこそ、『大義』から無責任に変容した敗戦後の人々と同じではないかと城山は考えたのである。

臼井もこのミッチー・ブームを冷ややかに見ていた。臼井は皇太子妃決定の発表後の様子を、「マスコミのお祭騒ぎ」と表現し、そのスクープ合戦の滑稽さを論じた(48)。しかし笑っているばかりではない。それによって「国民一般の関心がもっぱらこの話題に集中させられ、例えば、警職法をめぐる重要な政治問題などは、うわの空になったにちがいない」と警告するのである。つまりマスメディアの報道によって、民衆の目が政治に向かなくなるような作用が生まれていることを批判したのである。それは翌一九六〇年の浩宮誕生をめぐるマスメディア報道の時も同様であった[49]。やはり臼井はこの時も「マスコミのお祭騒ぎ」と表現した。そしてこうした状況のなかで、「皇室崇拝」「皇国史観の幽霊をひっぱり出」される心配を危惧する。この観測には、マスメディアが戦況に熱狂している間に、天皇制が次第に社会に跋扈していった戦前社会への反省が踏まえられていた。戦前の反省が踏まえられないまま、マスメディアは熱狂しているのではないか、臼井はそれを問うたのである[50]。

こうした城山と臼井の警告は現実のものとなった。ミッチー・ブームと同時期に再び天皇退位論が展開されるものの、「「天皇引退の花道」を飾る意味」、「明るい退位」と評価された[51]。それまでの退位論とは全く異なり、この時のそれは戦争責任が考慮されなかったのである。

このように一九五〇～六〇年代にかけて、国内における戦争責任問題の動きが低下するなか、天皇への戦争責任追及が低下した。ただし、一方で「人間」・道徳という問題が前時代から解消されていないため、その立場からの追及も敗戦直後からの系譜の継続として展開された。その議論は深まり、一定程度の広がりを有していたと思われる。例えば、深沢七郎「風流夢譚」も民衆と天皇の相互共存関係を批判しながら、天皇の戦争責任を追及するものであった。また藤田省三はその天皇論のなかで、自主的に戦争責任を取って退位しない天皇の存在に言及し、その道徳性について問題視した[52]。彼は戦争責任を取らない天皇制の戦後責任について論じており、臼井の思想とも通底する。

こうした思考は敗戦後、常にその水脈を保って、天皇制や「象徴」のあり方を模索していった。

おわりに

最後に、本章の内容をまとめて、その後の展望を若干述べておきたい。

敗戦後、昭和天皇に対する戦争責任論が浮上するが、法律上・政治上の責任を回避することが重要視された。それは天皇制という制度を維持するためである。「象徴」としての天皇制が浮上したのは、天皇の政治的な戦争責任論を回避するためでもあった。そして天皇大権を喪失することは歴史的回帰であり、近代においても天皇が政治上の権能を有していなかったことが強調された。これによって、天皇の政治上の戦争責任が遮断されていく。

しかし天皇制を維持させていくとしても、道徳的な戦争責任があるか否かの問題は残り続けた。特に、民主主義を受け入れるための存在として精神的・道徳的存在としての天皇の存在が強調されたために、天皇はより道徳的な立場と捉えられていき、道徳的責任が追及され続けた。天皇の自発的な退位を求める動きは、このように天皇が道徳的な存在であること、そして敗戦後の日本社会が荒廃し道徳を中心とした共同体秩序の再構築が目指されたことから展開されたのである。そこでは、「人間」個人としての自発的な決断＝退位が道徳的行為として想定され、天皇の個人としての立場、「人間」であることが強調された。そうした概念は「人間天皇」として象徴天皇制を支えていく概念ともなったが、一方で退位しないことによってそれは結局は完結しない問題として残り続けた。それゆえに、戦後は天皇の戦争責任論が繰り返されたのである。

また戦争責任に関する議論のなかでは、天皇制という制度の問題についても論じられた。「人間」としての天皇を天皇制という制度から解放するという議論は、その制度によって天皇が自主的な意思表明を阻まれていることを前提に論じられており、天皇をそこから解き放ち彼自身が戦争責任を取ることを想定したものでもあった。

以上のような議論は、現在の象徴天皇制ともつながる部分がある。道徳的な存在として象徴天皇を捉える議論は、日本社会における人格的な存在として、象徴天皇制への人々の支持が広がっていることとも通底していよう。また、個人としての明仁天皇・美智子皇后の振る舞いが象徴天皇制をイメージさせていることも、「人間」としての天皇の存在が敗戦後にクローズアップされ、人々が天皇個人に目を向けるようになったからではないだろうか。戦争責任問題はこのように「象徴」の内実を規定したのである。

戦争責任問題はまた、象徴天皇を対外的な「元首」として扱う萌芽ともなった。国内の戦争責任追及力の低下とは逆に、国際社会のなかに復帰した日本は対外的には戦争責任を認めざるを得なかった。それを表明する天皇は、国家を代表する立場＝「元首」として受け止められたのではないか。ただし天皇は法律上国外に出られず、そうした役割は皇太子夫妻が基本的に引き受けた。これも、現在の天皇夫妻が積極的に戦争の記憶に向き合っていることにもつながっているだろう。

一九五〇～六〇年代は戦争責任問題への追及が低下したが、一九六〇年代後半になると『木戸幸一日記』『本庄日記』『杉山メモ』など戦前・戦時中の天皇の言動などが明らかとなる史料が相次いで刊行され、歴史研究のなかでは天皇の戦争への関与・個人としての能動性が明らかになる。これが、昭和天皇の戦争責任問題を考察する端緒となっていく。

そして一九七〇年代、ヨーロッパやアメリカへの昭和天皇の外遊が行われた。この二つの外遊は、諸外国において昭和天皇と戦争責任の問題が強く結びついていることを示し、日本国内においても政府・民衆のなかで戦争責任の問題を強く意識させる契機となった[53]。

昭和天皇死去いわゆるXデー前後に、世間に溢れる平和的な象徴天皇制のイメージも敗戦後に形成されたものであったが、一方で昭和天皇の戦争責任を追及するような動きも敗戦後から継続した動きであった。この両方向のイメージ・動きが存在していること自体、戦後における戦争責任論と象徴天皇制の関係性を示している。

【注】

（１）赤澤史朗「象徴天皇制の形成と戦争責任論」（『歴史評論』第三一五号、一九七六年）、吉田裕『昭和天皇の終戦史』（岩波書店、一九九二年）など。

（２）安田常雄「象徴天皇制と民衆意識」（『歴史学研究』第六二一号、一九九一年）、同「象徴天皇制と国民意識」（中村政則編『近代日本の軌跡』6、吉川弘文館、一九九四年）、中村政則『戦後史と象徴天皇』（岩波書店、一九九二年）、松尾尊兊『日本の歴史㉑　国際国家への出発』（集英社、一九九三年）。

（3）『読売新聞』一九四八年八月一五日。「天皇制はあつた方がよい」は九〇・三％、「天皇制はなくなつた方がよい」四・〇％で、圧倒的に天皇制は存続させるという声が多いが、天皇の退位については「在位された方がよい」は六八・五％、「退位されて皇太子にゆずられた方がよい」は一八・四％、「退位されて天皇制を廃した方がよい」は四・〇％である。天皇制存続と答えたが退位すべきと答えた人々が約二割いたのである。

（4）河西秀哉『「象徴天皇」の戦後史』（講談社選書メチエ、二〇一〇年、第一章）。

（5）「自主的即決的施策確立要綱」（外務省外交史料館蔵「ポツダム宣言受諾関係一件（第三巻）」所収）。

（6）「帝国憲法改正試案」（外務省外交史料館蔵「日本国憲法関係一件」所収）。

（7）吉田前掲『昭和天皇の終戦史』九～六四頁。

（8）矢部口述「日本的民主主義ニ関スル資料」（一九四五年一一月二八日、国立公文書館蔵「憲法改正に関する諸資料」所収）。

（9）矢部「天皇制と民主々義」（外務省外交史料館蔵「帝国憲法改正関係一件　研究資料（第2巻）」所収）。

（10）佐野については、米谷匡史「戦時期日本の社会思想」（『思想』第八八二号、一九九七年）、福家崇洋「一国社会主義から民主社会主義へ」（『文明構造論』第九号、二〇一三年）を参照。

（11）佐野「天皇権力の史的過程と将来」（『潮流』第一巻第二号、一九四六年、三九～四七頁）。

（12）佐野「天皇制の人民権力機関化へ」（『朝日評論』創刊号、一九四六年、五三～五五頁）。

（13）佐野『天皇制に就て』（春秋倶楽部、一九四六年、四頁）。佐野は天皇制を存続させることで、独裁者を生み出すような危険も防止できるとする。

（14）佐野前掲「天皇権力の史的過程と将来」四八頁では、「天皇は国民的人間、社会的人間として、人民と共に苦しみを分ち合ひつつ、少くとも生産と活動の空気のなかに生きねばならぬ」と述べている。積極的に民衆と同じ立場に天皇は立ち、その声を聞く存在でなければならないというのが佐野の主張であった。天皇が敗戦後の「革命」の先頭に立って活動することを求めたのである。

(15) そのような「文化的天皇」は政治から分離したものであるから、伊勢や京都に移り、そこで「静かにわが民族の慶福を祈」ることもあり得ると佐野は述べる（佐野前掲「天皇制の人民権力機関化へ」五九頁）。

(16) 以下、佐野『天皇制と社会主義』（協同書房、一九四六年、後に『佐野学著作集』第二巻、佐野学著作集刊行会、一九五七年に所収、四二二～四七一頁）。

(17) 河西前掲『「象徴天皇」の戦後史』二八～二九頁。

(18) この小説の検討については、安田前掲「象徴天皇制と民衆意識」三五～三六頁、同前掲「象徴天皇制と国民意識」一四五～一四六頁を参照。

(19) 中野「五勺の酒」（『展望』一九四七年一月号、後に山本健吉編『日本文学全集三五　中野重治集』新潮社、一九六二年に所収、一六六頁）。

(20) 赤澤史朗「天皇の戦争責任論への射程」（倉沢愛子他編『アジア・太平洋戦争』第二巻、岩波書店、二〇〇五年、二四八頁）。

(21) 野坂「民主主義革命の展開」（『朝日新聞』一九四六年二月一三日）。

(22) 児玉隆也『君は天皇を見たか』（潮出版社、一九七五年、三八～三九頁、会社員の稲富一雄（四三歳）の意見）。

(23) 松尾前掲『日本の歴史㉑　国際国家への出発』一一七～一一八頁、冨永望『象徴天皇制の形成と定着』（思文閣出版、二〇一〇年、五二頁）、同『昭和天皇退位論のゆくえ』（吉川弘文館、二〇一四年、五〇～五二頁）など。

(24) 以下、三宅「御退位問題と戦争責任問題」（国立国会図書館憲政資料室蔵「芦田均文書」所収）。管見の限りでは、この史料はこれまでの研究では紹介されていない。この一九四八年に、政府内で退位論がどのように展開されているのかを知る興味深い史料である。

(25)『輿論調査レポート』(第二二号、一九四八年)。
(26)冨永前掲『象徴天皇制の形成と定着』五九〜六〇頁。
(27)保阪正康『明仁天皇と裕仁天皇』(講談社、二〇〇九年、九二〜九四頁)。この進講録の日付は一九五〇年四月二四日。原史料は慶應義塾福澤研究センター所蔵。
(28)京都大学天皇事件については、河西前掲『「象徴天皇」の戦後史』九四〜一一五頁を参照のこと。学生がこの「公開質問状」に込めた意味は、天皇制という制度のなかで天皇個人が犠牲となっていることであった。その「人間」性を問うたのである。
(29)『読売新聞』一九五一年一二月二三日。
(30)『読売新聞』一九四八年一一月二四日にも「進んで留位」「〝退いて責免れず〟と御決意」との見出しが掲げられた記事が掲載されているが、こうしたあえて退位をしないことで道徳的責任を天皇は取っているのだという言説は広がっていた。
(31)河西前掲『「象徴天皇」の戦後史』一五二〜一六九頁。
(32)「昭和天皇実録」一九五三年六月二四日条。
(33)薗部英一編『新天皇家の自画像』(文春文庫、一九八九年、五二〜五三頁)。
(34)河西秀哉『明仁天皇と戦後日本』(洋泉社、二〇一六年、一〇九〜一一五頁)。
(35)渡辺治『戦後政治史の中の天皇制』(青木書店、一九九〇年、一七一〜二四四頁)、ケネス・ルオフ『国民の天皇』(共同通信社、二〇〇三年、後に岩波現代文庫、二〇〇九年、一〇五〜一三四頁)。
(36)矢部貞治「民主主義と天皇」(掲載誌不明、一九五六年九月、政策研究大学院大学蔵「矢部貞治関係文書」所収)。
(37)吉田裕『日本人の戦争観』(岩波書店、一九九五年、後に岩波現代文庫、二〇〇五年、八六〜一一五頁)。
(38)赤澤前掲「天皇の戦争責任論への射程」二三五〜二三七頁、河西秀哉「象徴天皇制・天皇像研究のあゆみと課題」（同編『戦後史のなかの象徴天皇制』吉田書店、二〇一三年、六～七頁）。
（39）吉田前掲『日本人の戦争観』一二一～一二二頁。
（40）高橋紘編『昭和天皇発言録』（小学館、一九八九年、一七九頁）。
（41）河西前掲『明仁天皇と戦後日本』七二～七四頁。
（42）臼井「皇太子さわぎ」（『婦人公論』一九五六年六月号、後に『臼井吉見集』4、筑摩書房、一九八五年に所収、一〇四～一〇七頁）。
（43）臼井「『孤独の人』」（『知性』一九五六年一一月号、後に『臼井吉見集』4に所収、一二三～一二四頁）。
（44）臼井「天皇誕生日に思うこと」（『展望』一九五八年、後に『臼井吉見集』3、筑摩書房、一九八五年に所収、一五六～一五九頁）。
（45）臼井は戦前の軍隊の行為を例に出しながら、「野蛮の限り、私利私欲の限りを尽くしながら、それが忠君愛国の大理想と意識的に矛盾を感じなかったところに、天皇制の道徳の本質が見られるように思えてならない」と指摘している（臼井「残虐行為と忠君愛国」『読売新聞』一九五七年三月二八日、後に『臼井吉見集』4に所収、一三六～一三七頁）が、天皇制という制度に道徳は存在しないと考えていたのではないだろうか。こうした思考を有していた臼井は、一九五八～五九年ごろに皇居移転論が浮上すると、政治の中心である東京から京都への移転を主張するようになる。封建社会の名残とも言える旧江戸城から天皇を出すことによって、新しい象徴天皇制を印象づけようとしたのである（河西秀哉『皇居の近現代史』吉川弘文館、二〇一五年、一六四～一六五頁）。ここにも天皇制、特に近代や封建社会の天皇制への臼井の疑義を見ることができるだろう。
（46）『大義の末』は一九七五年に角川文庫化。
（47）城山「天皇制への対決」（『婦人公論』一九五九年六月号、八二～八六頁）。
（48）臼井「皇太子妃問題とマスコミ」（『婦人公論』一九五九年一月号、後に『臼井吉見集』4に所収、一七四～一七六頁）

(49) 臼井「いったい、真相はどうなんですか」(『週刊公論』一九六〇年三月八日号、後に『臼井吉見集』4に所収、三〇四～三〇六頁)。

(50) では、臼井はどのようにすればよいと考えていたのか。彼は「皇室は特別の存在であって、雲の上にまつりあげるのもまちがいなら、地上に引きずりおろして、ワッショ、ワッショともみくちゃにするのもまちがいだろうということである」と述べている(前掲「いったい、真相はどうなんですか」三〇五頁)。城山と同じように、静かに祝うべきではないか、それこそ「人間」としてのあり方ではないかと提起したと言える。

(51)『週刊新潮』一九五八年一二月二九日号。

(52) 赤澤史朗「藤田省三の戦後天皇制論」(出原政雄編『戦後日本思想と知識人の役割』法律文化社、二〇一五年、一三一～一三五頁)。

(53) 舟橋正真「昭和天皇訪米決定の政治過程」(『歴史学研究』第九〇八号、二〇一三年)。

終章

「元首」と「象徴」のはざま

近代天皇制は非常に揺れ幅の大きいシステムで、状況によって様々な変化を遂げてきた。大日本帝国憲法が天皇の性格について矛盾を持った規定を共存させていたからである。

第一条〜第三条では、天皇は「万世一系」で「神聖」にして「侵スヘカラス」として、絶対的な存在と位置づけられた。こうした規定は、古代の権威を錦の御旗にして江戸幕府打倒を成功させた明治維新のイデオロギーを条文化したものであった。それまでの支配秩序であった幕府を倒すためには、より正統的な権威が必要となる。そこで薩摩藩や長州藩は古代以来の天皇の絶対性を持ち出し、それが明治政府の正統性になった。つまり、天皇の権威を確立して絶対性を強調することで、近代国家としての支配秩序を形成しようとする意図があったと言える。

しかし一方で、天皇をそうした絶対的存在だけにもしていられなかった。西洋との接触が本格化し、近代社会に仲間入りをした日本は、西洋国民国家システムのルールに従う必要があった。その際、君主制も西洋国民国家との互換性を持って構築されなければならなかった。それゆえ、法の存在や条文が重要視され、大日本帝国憲法第四条に「天皇ハ国ノ元首ニシテ統治権ヲ総攬シ此ノ憲法ノ条規ニ依リ之ヲ行フ」と規定されたのである。それは、君主の恣意性を排除して、天皇も「機関」として憲法の規定に従うことを意味していた。それこそが西洋国民国家の政治制度そのものであり、そこへ日本が参入するためには必要な条文だったのである。

こうして、大日本帝国憲法には天皇に関して、絶対的な条文と機関的な条文とが同居をすることになった。[1]そして近代天皇制は、この両者の間で、時期によって様々に揺れ動くことになる。

第一次世界大戦中からその戦後にかけて、ドイツ・オーストリア・ロシアの王室は相次いで崩壊し、世界的な君主制危機の時代へと至った。これは日本の天皇制に対しても危機感を与えていく。また、世界的な潮流となっていた「デモクラシー」が日本へと移入し、それに対応した天皇制への再構築が迫られた。同時期、大正天皇が病気によって最終的な統治権の総攬者としての権威を保てないなかで、政府や宮中においては君主制の危機という状況はより切実かつ緊迫した問題として捉えられた。第1章で検討した吉野作造は「デモクラシー」の立場から、第2章で検討した永田秀次郎は「国体」の立場から、天皇制の再編を構想した。天皇の「機関」化はより進行し、政党内閣の首相が実質的な最高決定者となっていく。つまり、大日本帝国憲法の第四条の方向に重心が置かれるようになったのである。これは、実質的な天皇の「象徴」化であった。「元首」であっても、天皇は基本的には政党内閣の政策を追認してそれに対して権威を持たせる役割にしかすぎず、内閣の政策に反対することは現実的にはなかった。この方向性をマスメディアは歓迎して報道し、裕仁皇太子をそのシンボルとして取り上げ、人々もそれを受け入れていく。

しかし大正期のこのシステムも、アジア・太平洋戦争の敗戦まで継続はしなかった。次第に「国体」イデオロギーが肥大化し、軍事的行動が引き起こされるなかで、天皇の戦争指導のイメージが拡大する。その結果、天皇の性格も帝国憲法第一条〜第三条の方向へと振れ、絶対性を有する存在として捉えられていく。それゆえに第四条の「機関」的な「元首」という規定すらも、そうした絶対的なイメージで捉えられ、その後人々の記憶に残存したのである。一九五〇年代に日本国憲法の改正が焦点になった時、「元首」という文言が人々から拒絶された背景には、この時期の動向があったからだろう。とはいえ、第3章で見たように、総力戦は「デモクラシー」によって自立化した民衆各層の力を結集させることが課題となっており、それゆえにそうした諸集団の統一性を示すものとしての天皇の存在が注目されていく。その意味では、天皇は「象徴」的な立場にあったとも言える。

また総力戦遂行のためには、民衆個々の主体性が必要となり、そこで民衆と天皇との「人格」的結びつきが強調されるとともに、天皇の主体的行動がマスメディアを通じて宣伝されることによって、民衆の主体的な戦争への参画が当然視されていく。そこでは「国体」論も茫漠としたものではなく、「人格」的な天皇が登場し、民衆と天皇との結びつきがそれまで以上に強調されるなど、具体的であった。この経験が敗戦後に継続する。

そして、敗戦を迎えた。連合国は、日本がこれ以後再び戦争を引き起こさないように、軍国主義の除去を最重要課題としていた。そのため占領軍（ＧＨＱ）は、日本の「民主化」を徹底的に進めていく。その目玉とも言える政策が、大日本帝国憲法の改正であった。当然、日本側もそれが言い渡されることはわかっていた。それゆえ、敗戦直後からＧＨＱの要求に先取りする形で「自主的」に憲法を改正する動きを進めていく。日本側が当初想定していた憲法改正案は、天皇を「至尊」と位置づけ、大日本帝国憲法の第四条の方向性をより明確にするものだった。つまり大正期天皇制を明文化するもので、その程度「民主化」すれば連合国も納得し、天皇制も維持できると考えたのである。第４章で検討した二人の知識人は、こうした日本政府の取り組みのなかで動員されたと言える。彼らは大正期・総力戦体制の経験を活かしながら、自らの天皇制論を構想していく。そして、政府は彼らの理論を利用しようとした。そのなかで彼らは天皇の「歴史」「道徳」「国民との関係性」という概念を提起し、天皇制存置の根拠とした。それによって、共同体としての日本を存続させようとしたのである。その統一の「象徴」こそ天皇であった。そして天皇をその位置に据えるためには、天皇の権限を弱めて諸集団の対立を超越するようにしたのである。それは後の象徴天皇制に親和的な構想であった。

しかしＧＨＱは日本の案を認めなかった。戦争責任を厳しく追及しようとする国際世論にそれでは対応できないと考えたからである。一九四六年二月、大日本国憲法との変化を内外に示さなければならなかったＧＨＱの最高司令官のダグラス・マッカーサーはおそらく実質は「象徴」化された「元首」の意味合いで「マッカーサー三原則」を指示し、憲法改正の指針とした。そしてＧＨＱは独自に草案を作成し、それが日本国憲法の原案ともなった。こうして第一条において天皇は「象徴」と規定される。

　ＧＨＱ草案をベースにした日本国憲法草案がその後、国会に提出・審議された。日本政府側は「象徴」と規定された天皇について、その具体的内容をできるだけ曖昧な形で定義づけようとした。その意図は、戦前と戦後の「国体」が変化していないことを示すものだったと思われる。つまり政府は、「象徴」という文言に天皇の位置づけが変化したとしても、その内実は大正期天皇制のようなものにしようとしたのである。しかしそれを明言してしまっては、ＧＨＱや国際世論から批判を浴びる可能性がある。だからこそ、その定義に関してはできるだけ曖昧な答弁を繰り返し、制定まで持ち込んだ。それによって、「象徴」に明確な定義が与えられないままに、日本国憲法は成立し施行されることとなった。

　しかし、こうした曖昧な解決は、様々な問題を生む。それが第5章で検討した戦争責任論との関係である。昭和天皇に対する戦争責任論は、法律上・政治上の責任を回避することが重視された。それは天皇制という制度を維持するためであり、戦前も「象徴」としての意味合いがあったことがこのなかでは強調されるが、それは天皇の政治的な戦争責任論を回避するためでもあった。そして象徴天皇制という制度が形成され、天皇大権を喪失することは歴史的回帰であり、近代においても天皇が政治上の権能を有していなかったことが強調された。これによって、天皇の政治上の戦争責任が遮断されていく。

しかし天皇制を維持させていくとしても、道徳的な戦争責任があるか否かの問題は残り続けた。特に、民主主義を受け入れるための存在として精神的・道徳的存在としての天皇の存在が強調されたために、天皇はより道徳的な立場と捉えられていき、道徳的責任が追及され続けた。天皇の自発的な退位を求める動きは、このように天皇が道徳的な存在であること、そして敗戦後の日本社会が荒廃し道徳を中心とした共同体秩序の再構築が目指されたことから展開されたのである。そこでは、個人としての自発的な決断＝退位が道徳的行為として想定され、天皇の個人としての立場、「人間」であることが強調された。

また戦争責任に関する議論のなかでは、天皇制という制度の問題についても論じられた。「人間」としての天皇を天皇制という制度から解放するという議論は、その制度によって天皇が自主的な意思表明を阻まれていることを前提に論じられており、天皇をそこから解き放ち彼自身が戦争責任を取ることを想定したものでもあった。こうした「人間」としての天皇が強調される背景には、敗戦後の「人間宣言」があるとともに、戦前以来天皇の「人格」が語られてきたことがある。その意味で、こうした天皇の責任を求める議論も天皇制に関する戦前の構想が用意したものであった。

ところで占領が終了し、日本が再び独立すると、日本国憲法の改正が政治の焦点となった。一九五四年に保守政党の改進党・自由党が相次いで憲法改正構想を発表する。両党ともに、天皇に関しては「象徴」ではなく「元首」とする規定を改正案にした。天皇を「元首」とすることで、対外的に日本を代表させる面のみならず、人事面などでの権能も拡大して内政面での天皇の権威を拡大する意図があった。前者に関して言えば、占領終了によって独立したことで、諸外国との関係が復活しており、象徴天皇は国賓や大使などを接受するなど、実際的には「元首」としての仕事をこなしていた。そうしたすでに行っている外交上の職務を追認するとともに、国内においてもより天皇の権威を確立するための方策として、「元首」に文言上も規定しようとしたのである。ただし両党とも、「元首」と憲法の文言は変更するにしても、戦前のような天皇主権を復活させることについては否定しており、ヨーロッパ型の君主制を目指していたと考えられる[2]。それは、大正期天皇制の明文化であった。

　しかし「象徴」を「元首」に変更しようとしたことに対して、人々は大日本帝国憲法を想起し、両党の改正案に不信感を抱くようになる。敗戦後、戦前の体制に対する拒否感は次第に醸成され、「象徴」という文言は人々に定着し始めていた[3]。天皇に権威を感じつつも、戦前の体制へと戻ることには忌避感を示す感覚が根づいていたのである。マスメディアもそうした人々の意識を背景にして、保守政党の改憲案に警戒感を示すような報道を展開していく。一九五五年に自由民主党が結成され、翌年には憲法調査会が設置された。調査会会長の高柳賢三は、一九六二年に論文「象徴の元首・天皇」を発表している。そのなかで高柳は、「元首」と規定されているヨーロッパの君主制も次第に象徴的君主へと変化した歴史があり、「象徴」である天皇もすでに実際上「元首」としての役割を果たしている以上、憲法を改正する必要はないと強調した。つまり、天皇を「象徴的元首」と定義し、「象徴」に「元首」としての意味が含まれると解釈したのである。こうした状況を踏まえて憲法改正は断念される。

高柳のこの意見の背景には、「象徴」という言葉が人々のなかに定着し、戦前の天皇制を想起させる状況への回帰を拒絶する感情があったからだと考えられる。一九五八年、明仁皇太子は正田美智子との婚約を発表し、翌年にかけてミッチー・ブームが起こった。元皇族・元華族との婚姻が予想されるなか、「平民」出身の正田美智子との婚約は人々を驚かせた。しかも「恋愛」と噂されたことで、より象徴天皇制を人々に身近にさせたのである。(4) マスメディアはこぞって彼女や「恋愛」に関するエピソードを記事にし、量産していった。この時期、新聞社系の週刊誌のみならず、出版社系の週刊誌や女性週刊誌が創刊されたこともあり、そうした新しいメディアはブームの立役者となるほどに、皇室記事を掲載した。また、「御成婚パレード」はテレビで生中継され、その後も皇太子一家は新しいマスメディアで注目され続けた。戦後的な価値観が人々に定着し、そのなかで「象徴」としての天皇像が受け入れられた。だからこそ、高柳の意見が出てきたのである。

しかし一方で、「象徴」はやはりこの時にも明確に定義されなかった。それも、マスメディアの、そして大衆＝人々の何となくの雰囲気でまとまったものであった。それゆえに、ブームの間も、その後も、権威側からの揺り戻しの動きが起こった。また、ミッチー・ブームは天皇の権威を否定したものではなく、それを前提にした上で自分たちに近づいてきた天皇制を歓迎するものであった。つまり、「象徴」が「元首」の概念をも含み込んだ形で解釈され、定着していたことをも示している。やはり「象徴」という言葉は、多義的な意味を持って人々に捉えられていた。

その後、長らく象徴天皇制は停滞期を迎えることになる。NHKが一九七三年から始めて五年ごとに行った「日本人の意識」調査では、象徴天皇制について「何とも感じない」と答えた人々が四割から五割を占めていた。(5) その時期、マスメディアの象徴天皇制に関する報道も激減し、人々が関心を持たなかった象徴天皇の概念について、定義をしようとする動きは見られなかった。まさに、それまでの時期の何となくのまとまりが継続していたのである。

そこに変化が訪れる。昭和から平成への代替わりである。天皇は即位の年（一九八九年）の八月四日に行われた記者会見で、「憲法に定められた天皇の在り方を念頭に置き、天皇の務めを果たしていきたいと思っております。国民の幸福を念じられた昭和天皇を始めとする古くからの天皇のことに思いを致すとともに、現代にふさわしい皇室の在り方を求めていきたいと思っております」と述べた。その後、福祉施設などの訪問や被災地へのお見舞い、戦争の記憶への取り組みなど「象徴として望ましい天皇の在り方」（二〇〇九年一一月一二日記者会見）を模索してきた。それは日本国憲法に規定された国事行為ではなく、「象徴」としての公的行為の拡大である。つまり「元首」としての概念も含み込んだ上での、「象徴」としての行為であったのではないか。マスメディアも、こうした天皇の「象徴」としての模索を「平成の天皇像」として好意的に評価し、人々もそれを受容してきた。その結果、先のNHKの「日本人の意識」調査では、二〇一三年には「尊敬」と「好感」がそれぞれ三割台で、「何とも感じず」は二割台まで減少している。まさに人々も、天皇が模索してきた「象徴」としての天皇像を支持しているのではないだろうか。

【注】

（1）飛鳥井雅道『日本近代精神史の研究』（京都大学学術出版会、二〇〇二年、第三部）など。
（2）冨永望『象徴天皇制の形成と定着』（思文閣出版、二〇一〇年）。
（3）ケネス・ルオフ『国民の天皇』（共同通信社、二〇〇三年）。
（4）石田あゆう『ミッチー・ブーム』（文春新書、二〇〇六年）。
（5）河西秀哉『明仁天皇と戦後日本』（洋泉社、二〇一六年）。

あとがき

本書は、二〇〇八年に名古屋大学へ提出した博士論文「「文化平和国家」と象徴天皇――道徳・国家・マスコミ」を下敷きにしている。実はこの博士論文は、一部を取り出して新稿を加えた形で、『「象徴天皇」の戦後史』（講談社選書メチエ、二〇一〇年）として出版した（現在は『天皇制と民主主義の昭和史』人文書院、二〇一八年として増補した形で公表している）。そこでは、象徴天皇制の展開過程について、それまでの研究とは異なる視点を提示できたのではないかと自負している。その後、「博士論文を学術書の形で出版しませんか」という話は何度かいただいたように思う。しかし、そうした自負もあったのと、常日頃の怠惰の結果、「まあいつかですかね」という曖昧な返答を繰り返していた。

そんなあるとき（おそらく二〇一五年末だったように記憶する）、関東学院大学の君塚直隆先生と吉田書店の吉田真也さんと会食する機会があり、君塚先生が熱心に博論の出版を勧めてくださって、「吉田さんのところで出したらいいじゃない」と言ってくださった。翌日だったと思う。吉田さんからすぐに博論を送るようにとのメールがやってきた。編著『戦後史のなかの象徴天皇制』（吉田書店、二〇一三年）やその後も研究会でお世話になっている吉田さんならば、という思いがよぎった。また、二〇一五年の歴史学研究会大会近代史部会で「象徴天皇制と戦争責任論」という報告（これは本書の第5章である）を行っており、そこでは博士論文をベースにしつつそれ以降やってきた象徴天皇制論を自分なりにまとめることができたので、これを活かしたいなという思いもどこかにあった。そこで吉田さんに博士論文を送ったところすぐに感想をいただき、出版をという話になった。やるっきゃない。重い腰をあげて、書籍化に向けて準備を始めることとなった。

この博士論文の戦前部分は圧縮した形で、すでに二〇一〇年の日本史研究会大会近現代史部会において共同研究報告（「天皇制と現代化」）として発表しており、それに新しい研究を踏まえながら考え直して再構成したのが、本書の第1章・第2章・補論・第3章である。これまでの私は敗戦後を主な対象として研究してきたが、それより以前からの少し長いスパンで考えてみたいというのが博士論文の意図であり、本書もまさにその問題意識を引き継いでいる。どこまで実証的なレベルのものが書けたのか甚だ心許ないが、読者のみなさんのご批判をあおぎたい。

第4章は、これまた博士論文の一部を、関西の若手研究者で出している雑誌『ノートル・クリティーク』（第六号、二〇一三年）に掲載していただいた論文をもとにしている。なかなか厳しい査読コメントが返ってきたので、修正が大変だったことを思い出す。しかしそれゆえに私が最初に投稿したときよりもずいぶんとわかりやすく、そして論旨が明確になったと思う。

以上のように、本書は博士論文がもとになっている。学部以来博士課程まで一貫して指導してくださった羽賀祥二先生には特に感謝申し上げたい。先生が名古屋大学を退職される前に本書を出版できたことで、少しはその学恩に対してお返しができただろうか。しかし、「まだまだだね」と言われそうな気もする。

なお本書の刊行にあたっては、二〇一七年度の神戸女学院大学研究所出版助成および総合文化学科出版助成を得た。現在の大学を取り巻く環境は厳しく、研究時間を十分に確保するのは正直容易ではないが、自由気ままに研究させてくださる職場のみなさんにお礼申し上げたい。

本書カバーの写真などは、第３章に登場した故藤樫準二氏のご遺族から頂戴したものである。貴重な写真を提供いただいたご厚意に感謝いたします。

土日も「史料調査だ」「学会だ」「研究室で執筆だ」と、家にいることが少ない私に付き合ってくれている家族には感謝の言葉しかない。ただし、天皇制にはまだまだ解明すべきことが多々あり、今後も家にいることは少なそうである。先にわびておきたい。

二〇一六年の退位問題をきっかけに、象徴天皇制の今後は大きく変わりそうである。天皇制とは何か、「象徴」とはいかなる存在なのか。私たちに問われている。そうした議論の一助に本書がなれれば幸いである。

二〇一八年二月

河西　秀哉

【わ行】

【な行】

【は行】

【ま行】

【や行】

主要人名索引

【あ行】

【か行】

【さ行】

【た行】

著者紹介
河西 秀哉（かわにし・ひでや）
神戸女学院大学文学部准教授
1977年愛知県生まれ。名古屋大学大学院文学研究科博士後期課程修了。博士（歴史学）。
著書に『天皇制と民主主義の昭和史』（人文書院、2018年。『「象徴天皇」の戦後史』講談社選書メチエ、2010年の増補）、『皇居の近現代史』（吉川弘文館、2015年）、『明仁天皇と戦後日本』（洋泉社歴史新書y、2016年）、『うたごえの戦後史』（人文書院、2016年）など。編著に『戦後史のなかの象徴天皇制』（吉田書店、2013年）、『日常を拓く知 2 恋する』（世界思想社、2014年）、『平成の天皇制とは何か』（共編、岩波書店、2017年）など。

近代天皇制から象徴天皇制へ
「象徴」への道程

2018年2月26日　初版第1刷発行

著　者　河西秀哉
発行者　吉田真也
発行所　合同会社 吉田書店
102-0072　東京都千代田区飯田橋 2-9-6 東西館ビル本館 32
TEL：03-6272-9172　FAX：03-6272-9173
http://www.yoshidapublishing.com/

装幀　野田和浩
DTP　閏月社
印刷・製本　モリモト印刷株式会社
定価はカバーに表示してあります。

ISBN978-4-905497-61-5